PSICONUTRICIÓN.
APRENDE A TENER
UNA RELACIÓN SALUDABLE
CON LA COMIDA

Griselda Herrero Martín   Cristina Andrades Ramírez

Salud y bienestar • Editorial Arcopress
Directora editorial: Isabel Blasco
Diseño y maquetación: Beatriz Fernández Pecci

Imprime: Kadmos
ISBN: 978-84-17057-91-6
Depósito Legal: CO-368-2019
Hecho e impreso en España - *Made and printed in Spain*

*A todas las personas que han decidido
mejorar su relación con la comida
y quieren cambiar sus hábitos.*

ÍNDICE

El secreto para salir adelante es empezar.
Mark Twain

Capítulo 1
Psiconutrición:
un nuevo enfoque

Cuando no somos capaces ya de cambiar una situación,
nos enfrentamos al reto de cambiar nosotros mismos.

Viktor Frankl

1.1. ¿A qué nos referimos cuando hablamos de psiconutrición?

El término psiconutrición ha empezado a ser más popular en este último tiempo, aunque nosotras lo llevamos poniendo en práctica y conviviendo con él, codo con codo y a diario, desde hace varios años. Es muy importante conocer qué significa exactamente el término y así evitar confusiones, no solo entre los propios profesionales, sino también entre la población general. De hecho, nos encontramos muchas veces con que personas que acuden a la consulta o a cursos de formación, buscan algo diferente a lo que implica realmente el trabajo en psiconutrición. Y, por eso, queremos comenzar aclarando conceptos.

Cuando hablamos de psiconutrición nos referimos a un enfoque integral de la persona que se basa en el abordaje conjunto entre, al menos, dos profesionales sanitarios que son el dietista-nutricionista y el psicólogo. Este planteamiento en la forma de trabajar en consulta permite que se realice una labor más profunda en lugar de quedarnos en la superficie del problema, que bien puede ser una cuestión dietética (por ejemplo, una persona que inicialmente quiere perder peso) o bien una cuestión psicológica (por ejemplo, alguien que acude a consulta por problemas de ansiedad, siendo en este caso una ansiedad que derivará en desajustes alimentarios, pues no nos referimos a ansiedad causada por otros motivos).

El hecho de limitarnos a trabajar el motivo inicial por el que se acude a la consulta nos impide ahondar en la causa que ha llevado a la situación actual, es decir, no se trabaja la raíz sino el síntoma. Por ejemplo, en los casos anteriores imaginemos que la persona que acude a perder peso ha realizado numerosas dietas de adelgazamiento sin éxito y suele comer más cantidad cuando está estresada; o que la persona que necesita ayuda por su ansiedad suele refugiarse en la comida cuando se siente ansiosa. En ambos casos es fundamental abordar los dos aspectos para poder cumplir el objetivo real del tratamiento, que es su mantenimiento a largo plazo.

Así, la psiconutrición sería como un iceberg: las personas acuden a pedir ayuda por un motivo en concreto (sería la superficie del iceberg) y nuestra labor es conocer las causas subyacentes que le han llevado a encontrarse en la situación actual (sería la zona del iceberg que se encuentra bajo el agua) y trabajarlo todo en conjunto.

Antes comentábamos que al menos debe haber dos profesionales que trabajen en psiconutrición: el psicólogo y el dietista-nutricionista. Sin embargo, el equipo de trabajo puede incorporar otros profesionales, dependiendo de las necesidades de la persona, incluyendo médicos, entrenadores personales, cocineros, educadores, fisioterapeutas, logopedas, pedagogos, psiquiatras, etc. Como veremos en el punto 1.3, el trabajo en equipo es fundamental para el éxito en el tratamiento del paciente, que es el eje central de este puzle en el que todos tenemos un papel que jugar, una responsabilidad y un compromiso.

Las personas somos complejas, y no tenemos problemas aislados, por lo que disponer de una visión genérica y holística del asunto a tratar nos hará mejores profesionales.

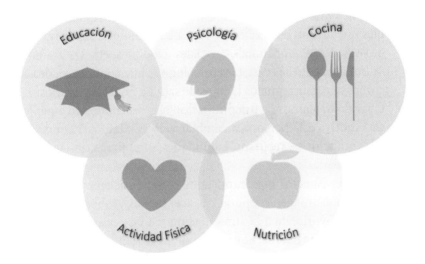

La finalidad principal de este novedoso enfoque es buscar objetivos a largo plazo que perduren en el tiempo: **"haz aquello que seas capaz de mantener, pues de lo contrario, estará destinado al fracaso"**. Para alcanzar este objetivo es fundamental que cada profesional se centre en su campo, sin obviar que está afectando a otras áreas de su vida y que algunas de ellas también se están trabajando al mismo tiempo. En primer lugar, habrá que adentrarse en el iceberg y buscar los motivos reales que han llevado a la persona a comer (más, menos, peor o mejor) y tratar de que la comida no sea la moneda de cambio de sus emociones. **La comida no es una moneda de cambio emocional.**

Ahora sí, profundicemos en la definición de psiconutrición, indicando puntos importantes en los que se fundamenta este planteamiento.

> Como ya hemos comentado, y es el pilar fundamental, se trata de un trabajo en equipo, con todo lo que ello implica. Sobre todo, en lo que se refiere a respetar, compartir y aprender de otros profesionales.
> La psiconutrición permite que los profesionales se adentren en aspectos más profundos de la alimentación y los hábitos saludables que no son estrictamente dietéticos, sino que conciernen a otros factores: emocionales, sociales, laborales, etc. De ahí que se trabajen aquellas variables psicológicas que conducen a desarrollar o instaurar malos hábitos de salud a fin de mejorarlos.
> Cuando hablamos de psiconutrición nos centramos en aquello que motiva a la persona a cambiar, y la ayudamos a conocerse (limitaciones, recursos, habilidades, etc.) para conseguir su objetivo.
> Entre los aspectos más importantes que se suelen tratar se encuentran la imagen corporal y la aceptación, ambos ligados de forma muy directa a la alimentación y a las consecuencias de una dieta inadecuada, aunque no siempre tiene por qué ser así.
> Debemos tener siempre presente que las personas son mucho más que un sujeto que come: sienten, tienen circunstancias concretas, viven en un entorno determinado, etc., y todo ello va a influir de una manera u otra en su tratamiento y en cómo lo enfoque de forma individual.
> Implica trabajar la adherencia al proceso de cambio y la toma de consciencia en relación a lo que ello conlleva, pues no es un camino sencillo.

- Significa un acompañamiento al paciente en el proceso de cambio, atendiendo a sus necesidades en cada momento y buscando la mejor forma de ayudarle.
- Conlleva trabajar conceptos muy arraigados, muchos de ellos asociados a aspectos psicológicos y comportamentales como la dieta, el cambio de hábitos, mitos nutricionales, el compromiso, etc. Por ello, a veces es necesario aprender a salir de la zona de confort y a decidir dónde quiere uno estar.
- Permite mejorar la eficiencia y la comunicación en el tratamiento, no solo bidireccional, sino también en el equipo.
- Implica mejorar nuestra relación con los alimentos, gestionando de forma más adecuada nuestras elecciones a través de un trabajo de educación alimentaria.
- Supone trabajar el empoderamiento en la toma de decisiones, permitiendo conocer la lectura de etiquetas de productos, por ejemplo, así como la forma más correcta de construir un plato saludable, buscando siempre la independencia de la persona en su cambio de hábitos.

Evidentemente es algo complejo, pero no por ello imposible, y te aseguramos que precioso. Y si no, a continuación te describimos los beneficios que tiene trabajar siguiendo este concepto, tanto si eres profesional como si no lo eres.

SI ERES PROFESIONAL	SI NO ERES PROFESIONAL
Fortalece la creatividad	Mejora la adherencia al tratamiento
Aumenta el aprendizaje	Permite identificar las causas reales
Ayuda a crear soluciones más efectivas	Favorece la toma de consciencia
Mejora la profesionalidad y la calidad del trabajo	Aumenta el compromiso

SI ERES PROFESIONAL	SI NO ERES PROFESIONAL
Aumenta la eficiencia	Ayuda a afianzar conceptos
Maximiza el potencial de cada uno	Aumenta la motivación
Reduce el estrés: las tareas se reparten	Favorece el proceso de cambio
Une ideas y fortalezas y disminuye debilidades	Trabaja la autoestima, la seguridad y la sociabilidad
Ofrece nuevas opciones y posibilidades	Se adapta a la persona y a sus circunstancias
Mejora el entendimiento y la comunicación	Genera mayor sensación de comunidad (grupo)

A pesar de ser un trabajo conjunto, cada profesional desarrolla un papel diferente, de manera que se pueden distinguir las funciones principales del psicólogo y del dietista-nutricionista, tal como indicamos a continuación:

Qué hace el psicólogo en psiconutrición:

✓ Identificar y trabajar las causas que llevan a una mala relación con la comida.
✓ Ayudar a la persona a tomar consciencia sobre su manera de actuar.
✓ Identificar y trabajar la relación alterada con la comida, si la hay.
✓ Trabajar el rechazo a hábitos saludables.
✓ Trabajar la imagen corporal.
✓ Trabajar las barreras, emociones, bloqueos y exigencias.
✓ Buscar estrategias de afrontamiento.
✓ Trabajar el autoconcepto, el autocuidado y la autoestima.

Qué hace el dietista-nutricionista en pisconutrición:

✓ Analizar los hábitos dietéticos.
✓ Trabajar aversiones y rechazos alimentarios.
✓ Trabajar conceptos: peso, grasa, alimentos buenos y malos, etc.
✓ Identificar y trabajar mitos alimentarios.
✓ Trabajar la motivación.
✓ Trabajar estrategias que ayuden a ir generando el cambio de hábitos.
✓ Trabajar la sensación de hambre y saciedad.

Por otro lado, aunque en este libro nos vamos a centrar en el trabajo de psiconutrición vinculado a la relación con la comida, este enfoque se puede utilizar en otros muchos ámbitos sanitarios como, por ejemplo, en determinadas patologías para las que se requiere un cambio importante en los hábitos alimentarios y de vida (como puede ser el caso de una diabetes o una intolerancia), y/o que puedan afectar de una forma u otra a aspectos emocionales, conductuales y de salud (como en casos de oncología o en trastornos de la conducta alimentaria).

En definitiva, entre todos trabajamos aspectos alimentarios, emocionales y físicos que, conjuntamente, permiten a la persona alcanzar su objetivo y, sobre todo, mantenerlo en el tiempo, ya que se habrá logrado adquirir un hábito.

1.2. ¿Qué no es psiconutrición?

Como os decíamos anteriormente, la psiconutrición actualmente está cobrando mayor importancia, y una de las razones es la necesidad de combinar el trabajo en equipo entre dos profesiones –psicología y nutrición–, para poder lograr abarcar algunas problemáticas concretas como el llamado comer emocional o diferentes alteraciones de la conducta alimentaria (sin necesidad de llegar a tratarse de un trastorno alimentario). Sin embargo, al ser un concepto nuevo, se encuentran diferentes vertientes o modos de usar dicho término que pueden confundirse con otras formas de trabajo que se quedan al margen del trabajo en equipo, base de la psiconutrición. Los profesionales correspondientes que formen este equipo deben ser:

> Licenciados o graduados en Psicología: con titulación de Psicología Sanitaria o Psicología Clínica.
> Diplomados o graduados en Dietética y Nutrición, así como técnicos superiores en Dietética.

Por tanto, no se podrían aceptar términos como psiconutricionista (pues esta titulación, por el momento, no existe), ni tampoco "psicólogo experto en nutrición/alimentación/dietas" o "nutricionista experto en psicología/emociones/ansiedad" cuando trabajen solos en lugar de en equipo. Ninguno de estos vocablos hace alusión a psiconutrición, para la que se requieren, al menos, los dos profesionales indicados.

Dejando de lado las cuestiones técnicas, vamos a aclarar un poco más a qué no nos referimos cuando hablamos de psiconutrición.

Pasando un rato en cualquiera de las redes sociales de moda actuales podemos encontrar algunos conceptos que bajo nuestro punto de vista no corresponden al trabajo en psiconutrición. Un ejemplo de ello es la asociación que se establece entre determinadas pautas dietéticas y un cierto efecto en el estado de ánimo; cosa muy diferente a que el estado de ánimo nos lleve a comer de determinada forma (ingesta compulsiva) o que el estado de ánimo pueda verse afectado por la ingesta de determinados componentes de los alimentos y por la conducta de comer asociada a alivio o placer (ingesta emocional).

La psiconutrición trabaja estas últimas asociaciones y llena la caja de herramientas propias de la persona para poder tener otras estrategias (además de la comida) con las cuales poder sentirse mejor. Concretamente, se trata de ampliar y mejorar las competencias emocionales y estrategias de afrontamiento.

Como señala Lazarevich et al (2015): "Comer es una estrategia de defensa para enfrentar el estrés y la ansiedad, en ausencia de otras estrategias más adaptativas". En la actualidad ya conocemos que la ingesta emocional y la ingesta compulsiva no son algo que se realice de forma exclusiva ante situaciones negativas, ocurriendo igualmente en emociones consideradas positivas. Sin embargo, a pesar de este dato, la definición de estos autores continúa siendo una de las preferidas cuando hacemos referencia a la ingesta como gestión emocional.

¿Y la prevención? Parte del trabajo psiconutricional es conocer e identificar la necesidad de derivación en el tiempo correcto para poder establecer una labor preventiva. **"El creciente interés político y sanitario en el campo de la prevención de la obesidad, con un foco situado en la dieta, la actividad física y el control del peso, podría, de forma no intencionada, tener efectos negativos en áreas tales como la imagen corporal, el seguimiento de dietas, las burlas relacionadas con el peso y la apariencia, la obsesión con el peso y otros factores de riesgo de los TCA". (Sánchez Carracedo et al, 2011).**

Es función del dietista-nutricionista saber identificar y derivar a un paciente al profesional correspondiente al reconocer factores de riesgo tanto de Trastornos de la Conducta Alimentaria (TCA) como de aspectos relacionados con el comer emocional, ingesta compulsiva, atracones o variables psicológicas asociadas a la obesidad; y por su lado, es función del profesional de la psicología reconocer patrones alimentarios afectados, hábitos inadecuados, mitos e ideas erróneas con respecto a los alimentos, así como identificar variables que pueden provocar déficits nutricionales.

Visto de este modo, podemos deducir que no estaremos hablando de trabajo desde un enfoque psiconutricional si los profesionales que componen el equipo ignoran estas variables y no se produce una derivación en caso de necesitarlo. Por ejemplo, puede ser tentador usar el lenguaje y la empatía para calmar emocionalmente a nuestros pacientes, pero debemos comprender que en la mayoría de los casos hay una necesidad de trabajo psicológico de gran importancia escondido tras la sintomatología.

Por otro lado, no solo es importante la adecuada derivación, sino la comunicación entre ambos, es decir, no estaremos hablando de un trabajo en equipo si ambos profesionales no mantienen contacto periódico para que el trabajo y los objetivos vayan encaminados en la misma dirección. Aunque el tratamiento no se realice en paralelo, es igualmente necesaria una comunicación entre profesionales donde se detalle la situación de la persona que ha estado en consulta hasta el momento de la derivación. Pongamos un ejemplo:

Prohibir y cumplir una dieta estricta puede ser desencadenante de mayor deseo por ciertos productos/alimentos. Si desde su correspondiente trabajo, el profesional de la psicología comienza una labor para eliminar las prohibiciones autoimpuestas, no tendría sentido que el profesional dietista-nutricionista implantara una dieta con prohibiciones. Si esto ocurre se estarían estableciendo incongruencias en el tratamiento, provocando confusión en la persona que se está atendiendo.

La motivación es una de las palabras más asociadas a la figura del profesional de la psicología cuando se trabaja con profesionales de la dietética y nutrición, pero centrar el trabajo de la psicología en dicha palabra sería una visión muy simplista de la problemática: psicología no es motivar. Las variables psicológicas asociadas a la conducta alimentaria cada vez son más reconocidas sin necesidad de tener que presentarse un patrón de trastorno de la conducta alimentaria, sino que se deben trabajar diversos componentes como las competencias emocionales, la autoestima, la gestión emocional, la imagen corporal, la ingesta compulsiva, la ingesta emocional y/o los atracones en población no clínica.

Es decir, trabajar en psiconutrición va más allá de las competencias básicas de los profesionales que forman este equipo (dietista-nutricionista o técnico en dietética y psicólogo), implicando una serie de competencias adicionales que aseguren la correcta relación de estas características: capacidad de cooperación, coordinación, negociación o asertividad, entre otras. Un equipo que no actúe de esta forma estaría obviando una parte muy importante de la ecuación. En la siguiente tabla encontrarás un resumen con los aspectos fundamentales que no implican un trabajo en psiconutrición.

QUÉ NO ES PSICONUTRICIÓN
Una nueva titulación que puede ejercer un único profesional.
Tomar ciertos alimentos según nuestro estado de ánimo.
Una solución mágica al problema.
Derivar la responsabilidad a otro profesional para que resuelva el problema
Un tipo de terapia psicológica.
Aplicar coaching en la consulta de nutrición o de psicología.
Un abordaje generalizado que tiene que hacer todo el que quiere perder peso.
Y sobre todo... un camino sencillo.

Resulta ahora más fácil de imaginar las labores y competencias a tener en cuenta para trabajar bajo un enfoque psiconutricional. ¿La base de todo?: el trabajo en equipo.

1.3. Por qué es importante trabajar en equipo

Cuando hablamos de trabajo en equipo –y específicamente de un equipo dedicado al tratamiento para el cambio de hábitos–, es necesario que este se componga de numerosos profesionales, algunos de los cuales ya veíamos anteriormente: médicos y/o endocrinos, fisioterapeutas, cocineros, licenciados en la actividad física y el deporte, educadores, psiquiatras, etc. La salud mental y física están interrelacionadas, y tener a mano a los profesionales adecuados en los distintos aspectos nos ayuda a resolver las problemáticas con un enfoque más amplio.

Comer se ha convertido en un acto conductual donde los factores psicológicos –y concretamente emocionales– cobran especial importancia. El mundo de la moda ya no es el único en mandarnos mensajes sobre nuestro cuerpo y nuestros hábitos que nos inducen a comportamientos obsesivos; también han entrado en juego los medios de comunicación y en especial las redes sociales. Actualmente la comida y las emociones son un recurso de marketing habitual en la industria alimentaria, como hemos visto, y las asociaciones que ya se han establecido desde pequeños (cuando todo nos lo han reforzado con comida) se continúan reforzando aún más con la exposición como adultos a este tipo de publicidad.

¿Se centraría entonces la psicología exclusivamente en los casos que presentan comer emocional? Por supuesto que no. Los hábitos alimentarios se encuentran muy relacionados con diferentes variables personales como son las competencias emocionales, la autoestima, el estigma asociado a la obesidad y las características psicológicas afectadas. Por otro lado, el disponer de una amplia historia dietética en el pasado se considera predisponente para presentar alteración en los hábitos alimentarios. Por ejemplo, como señalan Gianini y Smith (2008), podría existir una relación entre estresores personales en personas sometidas a una dieta y desinhibición ante la comida que actuaría de la siguiente forma: el aumentar la cantidad de alimentos ingeridos generaría más estrés (no solo por el cambio de conducta sino por los sentimientos de incapacidad de control), lo cual a su vez puede afectar al estado de ánimo que se presenta.

Dejando de lado las variables emocionales relacionadas con la ingesta, podemos pasar a las patologías digestivas y aún es necesaria la colaboración en equipo. Patologías actuales como el colon irritable, la diabetes o fuertes intolerancias, entre otras, necesitan

un apoyo y tratamiento psicológico además de la orientación y recomendaciones nutricionales que se ofrecen habitualmente (en este caso por un diplomado o graduado en dietética y nutrición).

En el caso de la pérdida de peso concretamente, no siempre será necesario un trabajo en equipo, aunque sí recomendable puesto que, si dicha reducción en el peso implica un cambio de hábitos, puede ser necesaria la intervención de profesionales como el dietista-nutricionista, el licenciado en Ciencias de la Actividad Física o el cocinero, y si además se producen dificultades o rechazo al cambio de hábitos, es posible que se necesite también apoyo psicológico.

Por tanto, el trabajo en equipo va a servir principalmente para tener una visión más integral de la persona con el fin de poder ayudarla a alcanzar sus objetivos y, sobre todo, de mantenerlos a largo plazo una vez que hayan adquirido las herramientas necesarias para ello.

¿Por qué es importante conocer todos estos aspectos? En primer lugar, para normalizar las derivaciones entre profesionales. No es raro encontrar preocupación o miedo cuando planteamos derivar a un paciente a un compañero, pero debes tener claro que siempre que se realizan este tipo de propuestas, los profesionales estamos trabajando por y para la salud de la persona, intentado ofrecer el tratamiento más completo para la necesidad que se plantea.

1.4. Trabajando conceptos

Parte de la tarea del trabajo en equipo implica que los conceptos o el paraguas bajo el que se trabaja vayan en una misma dirección, no solo entre profesionales que trabajan juntos, lo cual es básico, sino también hacia las personas que necesitan ayuda profesional. Es por ello por lo que vamos a analizar los términos y conceptos más importantes a tener en cuenta y cuyo cambio de paradigma es fundamental para aprender a tener una buena relación con la comida.

✓ **Dieta**. La palabra dieta procede del griego dayta y significa "régimen de vida", aludiendo a las cantidades de alimentos que se consumen habitualmente, independientemente de que sean más o menos nutritivos. Este concepto, que debería quedar simplemente en el conjunto de alimentos que ingerimos a lo largo del día, la semana, el mes o la vida, ha ido derivando, quizá por su significado original de "régimen", en su asociación con la restricción de la ingesta con el fin de perder peso. Es decir, cuando hablamos coloquialmente de dieta nos referimos a un plan nutricional bajo en calorías, y no a la forma de alimentarnos; de ahí la importancia de trabajar este concepto y que pierda su significado de restricción calórica y se transforme simplemente en un estilo de alimentación, como veremos en el capítulo 5. Dentro de este apartado hay que destacar otros conceptos como "dieta equilibrada" o "dieta variada" que también deben ser abordados, puesto que el hecho de que una dieta sea equilibrada (proporcionada en nutrientes) o variada (incluya diferentes grupos de alimentos) no la hace en sí misma saludable. Pongamos un ejemplo de cada:

	SALUDABLE	NO SALUDABLE
DIETA VARIADA	• Leche entera con cacao puro en polvo • Tostada integral con aceite de oliva y tomate	• Leche especial niños con cacao en polvo azucarado • Galletas tipo María con mantequilla
DIETA EQUILIBRADA	• Salteado de verduras con anacardos • Salmón a la plancha con aguacate y arroz integral • Mango	• Ensalada César con pan frito • Varitas de merluza con preparado comercial de fideos chinos • Melocotón en almíbar

En ambos casos hay una proporción de nutrientes similar y alimentos de grupos diversos, sin embargo, un caso es más saludable que el otro. Por tanto, hay que saber utilizar bien los términos con que hablamos y centrarnos más en la salud que en el equilibrio o la variedad.

✓ **Calorías**. Las calorías son las grandes enemigas de la pérdida de peso. En general se tiende a estar contando calorías y sumando y restando para que salgan las cuentas y se alcance un balance energético adecuado (cero si se quiere mantener el peso, negativo para perderlo y positivo para ganarlo). Sin embargo, la cosa no es tan sencilla: nuestro organismo tiene múltiples mecanismos de regulación que se relacionan entre sí y con factores externos (ambiente, emociones, circunstancias, pensamientos, etc.), de manera que no es tan importante la cantidad como la calidad, pues los nutrientes que ingerimos y la forma en que lo hacemos son pilares fundamentales. Así, no se puede comparar una dieta de 2000 kcal basada en alimentos de origen vegetal, con una basada en alimentos ultraprocesados con el mismo valor calórico. Es mejor no centrarse en contar calorías y fijarse más en la calidad de lo que se come.

✓ **Compensar**. La palabra compensar tiene de por sí una connotación negativa en relación a la comida. Por un lado, hace pensar que algo no se está haciendo bien, y por otro se asocia a rigurosidad. Cuando se piensa en compensar, suele ser por dos motivos: porque se ha comido más cantidad de lo que se debería (según criterio propio) o porque no se ha quemado la energía que se ha ingerido. Se puede compensar de dos formas y en dos momentos: evitando comer (saltándose comidas) o incrementando el ejercicio físico tras la ingesta excesiva o antes de esta, cuando se sabe que va a tener lugar. En cualquiera de los casos expuestos, cuando se compensa es porque se quiere enmendar una acción que se considera inadecuada para la consecución del objetivo y que, además, suele provocar sentimientos de culpabilidad y/o frustración, entre otros. La clave no está en compensar porque se ha dejado de ser estrictos, sino en aprender a gestionar esas situaciones en las que puede cambiar la ingesta de alimentos (en cantidad o calidad) y ser capaces de tomar las elecciones adecuadas para no generar emociones negativas. Por otro lado, en muchos casos, el compensar puede tener un efecto contrario al deseado a corto y medio plazo: el aumento de peso.

✓ **Alimentos prohibidos y permitidos.** Aunque de ello hablaremos más específicamente en el capítulo 4, es muy importante poder abordar estos conceptos y evitar tener listas de alimentos prohibidos o permitidos, pues como en el punto anterior, no ayudan a generar hábitos saludables. No existen alimentos prohibidos ni permitidos, puesto que ningún alimento en sí mismo es perjudicial ni un "súperalimento" indispensable para la vida (excepto la leche materna).

✓ **Alimentos que engordan o adelgazan.** De la misma forma que los alimentos prohibidos o permitidos, ningún alimento es capaz de hacer aumentar de peso o adelgazar. Ni siquiera un grupo de alimentos concretos, por muy saludables que sean, lo es, puesto que como hemos visto y veremos en el capítulo 2, hay muchos factores que influyen en el aumento o la pérdida de peso que no están ligados estrictamente a la alimentación. Así pues, hablar de alimentos que engorden o adelgacen es un error conceptual. De nuevo, es mejor centrarse en la calidad y romper muchos de los mitos dietéticos relacionados con este concepto.

✓ **La báscula, el peso y el IMC.** Nos han enseñado que el éxito en la pérdida de peso se evalúa con la báscula y que el IMC es el indicador que determina si una persona tiene infrapeso, normopeso, sobrepeso u obesidad. Pues ni una cosa ni la otra. Por un lado, los últimos estudios muestran que el IMC no es el mejor indicador de obesidad, ya que esta no se mide por el exceso de peso sino por el exceso de grasa. Por tanto, sería más correcto medir el compartimento graso para determinar la necesidad o no de perder peso, que además está más relacionado con la salud que el peso en sí mismo. Y, por otro lado, centrar el objetivo de cambio de hábitos en el número de la báscula es demasiado simplista y equivocado, dado que es posible que el peso no varíe tanto como se espera –con la consiguiente posible sensación de frustración–, pero sí lo hagan otros indicativos fisiológicos (analíticas, perímetros corporales, porcentaje de masa grasa, etc.) o psicológicos (autoestima, autocuidado, imagen corporal, etc.) de salud.

✓ **Mitos nutricionales**. Uno de los trabajos más laboriosos del dietista-nutricionista es desmentir la inmensa cantidad de mitos alimentarios que se tienen, fáciles de instaurar, pero difíciles de erradicar. Por ello, es fundamental indagar en ellos y justificar su falta de rigor científico.

✓ **Hambre y saciedad**. No estamos acostumbrados a escuchar a nuestro cuerpo ni a identificar las señales que nos transmite, como es el caso de las sensaciones de hambre y saciedad, de las hablaremos más extensamente en el capítulo 2. Saber identificarlas permite regular de forma mucho más específica y concreta las cantidades que se ingieren, así como aprender a comer cuando se necesita y a parar cuando se está saciado.

✓ **Hambre real y emocional**. Muy ligados al punto anterior están estos dos conceptos de hambre real o fisiológica y emocional, en las que profundizaremos mucho más en el capítulo 4, y que no debemos olvidar entre los conceptos a trabajar.

✓ **Publicidad emocional**. El mundo de la publicidad es un tema aparte al que podríamos dedicar un libro entero, y lo comentaremos un poco más en el capítulo 6. Las estrategias de marketing que utiliza la industria alimentaria con el fin de vender sus productos, cosa muy loable (querer vender), han empezado a adentrarse en el mundo de las emociones, de manera que es cada vez más fácil encontrar eslóganes que invitan a comer para sentirse de tal o cual forma, normalmente positiva (feliz, tranquilo, libre, bello, etc.), o para paliar una emoción que suele ser negativa o neutra (tristeza, enfado, estrés, frustración, aburrimiento, etc.). Sin querer, nuestro cerebro va recibiendo esos mensajes que luego se transforman en acciones inconscientes, como veremos en el capítulo 2. Por eso, debemos aprender a ser críticos y a analizar la información que nos llega, sabiendo discriminar para que, al menos, la elección sea propia y consciente.

✓ **Comida real o Real Food**. En los últimos años se ha empezado a hablar mucho del concepto de comida real, haciendo referencia al consumo de alimentos poco o nada procesados como parte del estilo de vida saludable. Y ciertamente, como concepto es bastante acertado. Sin embargo, se debe tener especial cuidado en que no se convierta en una obsesión por la comida sana puesto que, en este caso, estaríamos hablando también de una inadecuada relación con la comida. De hecho, es cada vez más habitual encontrar a personas en consulta con unas exigencias muy altas respecto al cumplimiento del Real Food y una posterior frustración cuando no son capaces de cumplirlo al 100%. En este sentido se debe ser consciente del entorno y la sociedad en la que vivimos, pues aspirar a no consumir absolutamente ningún procesado puede no ser realista.

Como has podido observar, muchos de estos conceptos están profundamente arraigados en la sociedad y se convive con ellos día a día, casi sin darnos cuenta. Este es uno de los motivos que dificultan la tarea de relacionarnos bien con la comida, pues en parte son responsables de que se hagan unas elecciones u otras. Así pues, te animamos a que, antes de continuar, hagas una pequeña reflexión sobre lo que significa para ti cada uno de ellos y cómo los transformarías para mejorar tu relación con la comida y/o alcanzar hábitos saludables.

))) ——————————— ACTIVIDAD ——————————— (((

	Concepto actual	Concepto transformado
Dieta		
Calorías		
Compensa		
Alimentos prohibidos/permitidos		
Alimentos que engordan/adelgazan		
Báscula y peso		
Mitos		
Hambre y saciedad		
Hambre real y emocional		
Comida real		

Capítulo 2
Aspectos fisiológicos y nutricionales de los problemas de peso

El hambre no ha desaparecido,
pero el mundo en general ha engordado.
Margaret Chan, directora general de la OMS

2.1. Hablemos un poco sobre la obesidad

Antes de profundizar en los factores que afectan a los hábitos dietéticos y, por ende, al peso, te queremos hablar un poco de la obesidad. Por desgracia, y como ya sabemos, la obesidad se ha convertido en una de las epidemias del siglo XXI. Desde 1975 y hasta la actualidad, se ha casi triplicado la prevalencia mundial de obesidad. Más de 1900 millones de personas adultas tienen exceso de peso (39% de la población), de las cuales 650 millones están obesas (19%). Y si analizamos los números en niños, las cifras no son muy halagüeñas. Con este escenario hemos llegado a un punto en el que, según la Organización Mundial de la Salud (OMS), las muertes causadas por sobrepeso y obesidad (o derivadas de ambos) son mayores a las causadas por una insuficiencia ponderal o bajopeso.

La obesidad se define como una "acumulación anormal o excesiva de grasa corporal, que puede ser perjudicial para la salud" (OMS, 2018). Hasta hace relativamente poco tiempo (de hecho, muchos profesionales lo siguen utilizando), se hace referencia al Índice de Masa Corporal (IMC) para determinar si una persona tiene exceso de peso. Este índice se calcula dividiendo el peso (en kilos) por la altura (en metros) al cuadrado. Según el valor que se obtenga, podremos clasificarlo en bajopeso, normopeso, sobrepeso u obesidad.

VALOR IMC	CLASIFICACIÓN
< 18.5	Bajopeso
18.5 - 24.9	Normopeso
25 - 29.9	Sobrepeso
> 30	Obesidad

Sin embargo, la Sociedad Española para el Estudio de la Obesidad (SEEDO) y la Sociedad Española de la Cirugía de la Enfermedad Mórbida y de las Enfermedades Metabólicas (SECO) apunta a que el hecho de que disminuya el IMC no es indicativo de salud, puesto que existen otras comorbilidades que no influyen en el peso. De hecho, una persona podría tener un IMC superior a 25, o incluso a 30, y no necesitar perder peso dado que este peso elevado se debe a un gran porcentaje de masa muscular; por ejemplo, un culturista. De esta forma, si relacionamos el IMC con indicadores antropométricos, de salud o de enfermedad, diríamos que en los dos primeros casos no se podría considerar al IMC como indicador, pero sí en el último. Es decir, un IMC elevado se relaciona con mayor mortalidad, pero un IMC bajo no se tiene por qué asociar con mayor salud ni tampoco nos sirve para determinar medidas antropométricas, puesto que no tiene en cuenta numerosos factores que pueden afectar a dichas medidas (edad, sexo, etnia, situación fisiológica –embarazo o lactancia–, distribución del peso y la grasa, ciclo menstrual, tipo y funcionalidad de la grasa y el músculo, etc.).

Así, debes tener claro que **el IMC solo nos mide peso, pero no nos indica de qué está compuesto dicho peso**. Por tanto, aunque el IMC podría ser positivo para realizar mediciones globales o a gran escala, en el caso de individuos concretos es mucho mejor medir la composición corporal, que nos dará una idea más exacta de los niveles de grasa y de dónde está ubicada esta grasa. En relación a esto, existen otros tres conceptos que consideramos interesante que conozcas:

OBESO METABÓLICAMENTE SANO. Se define así a la persona que tiene un IMC por encima de 30 y que no presenta más de dos complicaciones cardiometabólicas (diabetes tipo 2, hipertensión arterial y dislipemias), es decir, que mantiene un perfil lipídico adecuado, factores inflamatorios favorables, sensibilidad a la insulina preservada y presión arterial normal. Es lo que el médico diría coloquialmente como "analítica de libro". Se estima que entre el 10 y el 25% de las personas que tienen obesidad pertenecen a este grupo. En el debate de la comunidad científica a este respecto se habla de la pregunta "¿sería necesario recibir un tratamiento de pérdida de peso, dado que no existen patologías?". A pesar de que desde el punto de vista metabólico se considere un sujeto sano –pues se ha visto que tienen una mejor función del tejido adiposo y un menor almacenamiento de grasa ectópica (Goossens, 2017)–, no puede considerarse realmente saludable, puesto que este hecho no implica que no haya otras alteraciones funcionales (apnea del sueño, alteraciones músculo-esqueléticas, incremento en el riesgo de algunos tipos de cánceres, alteraciones en la reproducción o alteraciones a nivel psicológico).

En este sentido, Phillips et al (2015) concluyeron que estos individuos tienen mayor riesgo de ansiedad y depresión. También se ha determinado que el riesgo de cardiopatía coronaria, enfermedad cerebrovascular e insuficiencia cardíaca es superior en obesos metabólicamente sanos que en no obesos metabólicamente sanos (Caleyachetty et al, 2017), y que es más frecuente la aparición de otras alteraciones como osteoartritis, dolor crónico, alteraciones en la piel, menor condición física y envejecimiento prematuro (Blüher et al, 2014); en definitiva, menor calidad de vida. Por tanto, tener unas analíticas perfectas no te asegura un estado de salud óptimo, pues factores como un exceso o una inadecuada distribución de grasa corporal o un elevado deterioro de la función del tejido adiposo (donde se almacena la grasa) juegan un papel fundamental en promover estados no saludables y comorbilidades asociadas.

DELGADO METABÓLICAMENTE ENFERMO. Se trata de personas que tienen un peso normal, o incluso bajo, pero que presentan alguna de las características principales del síndrome metabólico (diabetes tipo 2, hipertensión arterial y dislipemias). Según estudios realizados en el Servicio de Endocrinología y Nutrición del Hospital Universitario Virgen de la Victoria (Málaga), alrededor del 20% de las personas con un IMC normal podrían estar metabólicamente enfermos. Por tanto, la delgadez tampoco es sinónimo de salud.

DIABESIDAD. Es un término que hace referencia a la asociación entre diabetes tipo 2 y obesidad: ambas patologías pueden ser causa y consecuencia la una de la otra. De hecho, el 85% de los casos de diabetes tipo 2 se relacionan con exceso de peso, y tener un menor peso corporal disminuye el riesgo de padecer diabetes. Una de las explicaciones de este fenómeno es que cuando el tejido adiposo subcutáneo (la grasa que hay bajo la piel) enferma al inicio de la patología –cuando todavía no se ha producido un aumento de peso–, se produce una infiltración de macrófagos en el tejido, lo que hace que se pierda la función de acumular grasa (de ahí que no haya un aumento del peso). Sin embargo, este incremento de los macrófagos está asociado a un mayor riesgo de diabetes y enfermedades cardiovasculares.

En conclusión, **no debes centrarte en el peso ni tampoco en las patologías, sino tener una visión más global e integradora,** pues todos los factores relacionados de una forma u otra con el peso son importantes y no deben ser obviados ni tratados por separado, como veremos a continuación.

Para terminar este apartado, en la siguiente imagen puedes ver las consecuencias –no solo fisiológicas–, de la obesidad.

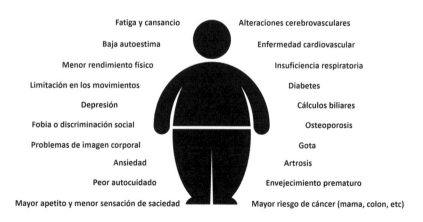

2.2. Factores que influyen en el aumento de peso

Te comentábamos en el apartado anterior las consecuencias de la obesidad. Ahora pasemos a analizar los factores que influyen en el aumento de peso, un tema muy complejo puesto que son numerosos y muy variables entre personas..

Antes de comenzar a hablar de ello, analicemos otro concepto muy extendido para poder entender la complejidad del asunto: el balance energético. Desde los inicios de la dietética moderna (y no hablamos de Hipócrates, uno de los principales precursores de esta ciencia con su famosa frase "que tu alimento sea tu medicina y tu medicina sea tu alimento") allá por los años 1940 cuando Francisco Grande Covián inició sus investigaciones en nutrición y bioquímica, se ha hablado de este concepto. El balance energético se basa en la primera ley de la termodinámica "la energía ni se crea ni se destruye, solo se transforma", de forma que en función de lo que ingieras y lo que gastes (medido en calorías), así será el efecto sobre el peso.

BALANCE ENERGÉTICO		
TIPO	CAUSA	CONSECUENCIA
Positivo	Calorías ingeridas > Calorías gastadas	Aumento de peso
Negativo	Calorías ingeridas < Calorías gastadas	Pérdida de peso
Cero	Calorías ingeridas = Calorías gastadas	Mantenimiento de peso

¿Qué problema nos encontramos con el balance energético? Pues, por resumir mucho, que es demasiado simplista. Por un lado, no tiene en cuenta que somos sistemas energéticos abiertos y no cerrados; por otro lado, se centra exclusivamente en las calorías, sin tener en cuenta, por ejemplo, la calidad de estas. De tal manera que tendría el mismo efecto comerse 500 calorías de brócoli que 500 calorías de bollos de chocolate, cuando sabemos que no es así. Tampoco tiene en cuenta los diferentes compartimentos corporales, reduciéndose exclusivamente al tejido graso. Pero si lo pensamos bien, también debería afectar a otros compartimentos como el músculo, ¿no crees?

Es decir, según el concepto de balance energético, siempre que se realice un elevado gasto energético (ejercicio físico), y se coman menos calorías de las gastadas, o bien las mismas (es casi imposible ser exactos), no se produciría un aumento de peso. Sin embargo, cuando se incrementa el gasto calórico mediante ejercicios de fuerza, se desarrolla más masa muscular (aunque se coma lo mismo), lo que se puede traducir en un aumento de peso y en un mayor gasto energético basal (por el aumento en el número de mitocondrias y por ende en la actividad del tejido).

Y por último, el balance energético solo hace referencia a cambios a corto plazo, pero no a los efectos a largo plazo de una dieta hipocalórica, donde el efecto sobre la pérdida de peso deja de ser tan acusado con el tiempo ya que el organismo acaba adaptándose. Es decir, que esto del aumento o de la pérdida de peso no es tan simple como parece.

Y es por ello por lo que el principal factor responsable del aumento de peso no es exclusivamente dietético. Es habitual escuchar frases como "está gordo porque come mucho y no se mueve", sin embargo, te animo a reflexionar sobre este estigma social de la obesidad una vez que termines de leer este apartado (aunque hablaremos más profundamente de ello en el capítulo 4), puesto que el problema no se reduce a comer más o moverse menos, sino que puede ser debido a comer peor, de forma inadecuada, por causas emocionales, metabólicas o por otros muchos factores que veremos a continuación.

La obesidad es una enfermedad multifactorial, lo que significa que no está causada por un único componente, sino por la confluencia de varios que analizaremos a continuación.

Como verás en la imagen, centrarse en dos de todos los posibles factores que pueden causar un aumento de peso (sedentarismo y alimentación) resulta simplificar demasiado el círculo y casi dejar al azar la labor de revertir la situación de obesidad. De hecho, siempre decimos a nuestros pacientes que **perder peso es una tarea difícil que conlleva un trabajo interno importante en el que se deben trabajar aspectos dietéticos y no dietéticos con el fin de buscar objetivos a largo plazo**. Además, los datos no son muy alentadores:

sabemos que el 95% de las personas que han seguido dietas de pérdida de peso han recuperado el peso perdido, o más, en un máximo de 5 años. Por tanto, está claro que algo no estamos haciendo bien. Y entre ese "algo" está obviar el resto de factores y centrarnos solo en el balance energético del que hablábamos antes.

Veamos un poco todos esos factores que forman el círculo de las causas de la obesidad:

> **Genes**. Existe una predisposición genética a la obesidad, es cierto, pero no debemos agarrarnos a ello como justificación a no perder peso, pues el porcentaje de influencia genética de la obesidad es del 5-10%; el resto, se debe a factores ambientales. Es más, los factores ambientales pueden modificar dicha predisposición. De esta forma, tener un número significativo de genes predisponentes a obesidad no va a determinar que se produzca un incremento en el peso puesto que llevar unos

hábitos saludables puede impedir que estos genes se expresen. Y lo contrario, estar protegido genéticamente para la obesidad tampoco es un boleto ganador, puesto que una vida no saludable podría impedir la función protectora de esos genes.

> **Descanso.** Dormir poco o mal se asocia tanto a una mayor probabilidad de aumentar de peso como a impedir perderlo. Esto se debe a que mientras estamos dormidos se secretan una serie de hormonas que regulan el sueño (entre ellas la melatonina) y que ejercen una acción sobre el control del hambre, la acumulación de grasas y el consumo de energía. En experimentos realizados en ratas, el déficit de melatonina provoca un síndrome metabólico que acaba desencadenando en obesidad. De esta forma, las personas que trabajan por turnos suelen tener alteraciones en la sensación de hambre y saciedad, aumentando el apetito, lo que hace que tiendan a elegir alimentos más calóricos y de peor calidad. También se ha visto que la actividad física ejerce un papel protector en el mantenimiento y estabilidad de los ritmos circadianos (sueño-vigilia). Como veremos más adelante, el descanso y nuestros patrones de sueño resultan muy importantes a la hora de considerar los factores que influyen en la llamada "ingesta nocturna".

> **Estrés.** El estrés ha aumentado en nuestra sociedad en las últimas décadas de forma paralela a la obesidad. De hecho, se ha establecido una asociación entre los niveles de estrés percibido y la ganancia de peso. Así, las personas con estrés suelen ingerir mayores cantidades, preferir alimentos más palatables (ricos en azúcares simples, grasas no saludables, sal o potenciadores del sabor) y tener más riesgo de comer emocional. Estos efectos se ven más acusados en personas con estrés y exceso de peso.

> **Cultura.** La cultura del lugar donde nacemos influye en muchos sentidos en nuestra vida. Uno de ellos es nuestra forma de alimentarnos y de relacionarnos con la comida. La cultura alimentaria en países industrializados suele girar en torno a las celebraciones con comida, la opulencia y el consumismo. Y no debemos obviar este hecho, pues es un factor cultural muy arraigado. ¿Te has preguntado alguna vez por qué cuando celebras

algo o quedas con alguien para contarle un problema lo sueles hacer alrededor de comida y/o bebida? ¿Y te has parado a pensar, en esos casos, qué sueles comer/beber y de qué forma?

> **Sedentarismo**. Es más que conocida la relación entre la actividad física y el peso. De hecho, influye mucho más la falta de actividad física o sedentarismo en el aumento de peso. Asimismo, el ejercicio no solo favorece la pérdida de peso (siempre que vaya acompañado de otros hábitos saludables), sino que además ayuda a que este se mantenga.

> **Alimentación**. Unos hábitos dietéticos inadecuados constituyen un factor predisponente al aumento de peso. Pero, como hemos comentado anteriormente, lo más importante a tener en cuenta no es la cantidad (comer más) sino la calidad (comer peor) y la forma en la que se come.

> **Fármacos**. Muchos medicamentos utilizados en determinadas patologías tienen como efecto secundario cierto riesgo de aumentar el peso. Entre los más conocidos están los corticoides, pero también algunos antidepresivos, antiepilépticos, fármacos de terapia hormonal, betabloqueantes o esteroides. Estos efectos se deben a que estimulan el apetito, dificultan la oxidación de las grasas o favorecen la retención de líquidos, principalmente. En cualquier caso, no se debe abandonar un tratamiento médico por miedo a que nos haga aumentar de peso. En la mayor parte de los casos, con un abordaje adecuado se puede prevenir este efecto.

> **Metabolismo**. Estamos seguras de que alguna vez has escuchado la frase "es que mi metabolismo es muy lento", pues bien, es cierta: nuestro metabolismo basal puede ser más o menos rápido, y esto hace referencia a la eficacia en la quema de energía. En general, los niños suelen tener un metabolismo muy rápido, y a medida que cumplen años, el metabolismo basal se va haciendo más lento, lo cual conduce a una mayor tendencia a aumentar de peso. Además, el metabolismo basal depende de cuatro factores individuales (sexo, edad, altura y peso), y puede verse modificado por muchos motivos, como por ejemplo el estrés o la actividad física.

> **Hormonas**. El sistema por el que se regula el hambre y la saciedad, como veremos más adelante, está mediado por determinadas hormonas y neurotransmisores, siendo un sistema muy complejo. La alteración de cualquier mecanismo fisiológico relacionado con dichas hormonas, como ocurre por ejemplo durante la menopausia, puede hacer que sus efectos se vean trastocados, favoreciendo el aumento de peso.

> **Masa muscular y adiposa**. Todos los tejidos no se comportan de la misma forma a nivel metabólico. De ahí que, como te hemos comentado, el peso no sea lo importante, sino que lo sea la composición corporal. El tejido muscular es mucho más activo metabólicamente, de forma que tener más cantidad de masa muscular ayudará a acelerar el metabolismo. Por su parte, el componente graso es prácticamente inactivo desde el punto de vista metabólico. Por eso, las personas con obesidad (exceso de grasa) suelen tener un gasto energético basal menor, dificultando así la pérdida de peso.

> **Disbiosis**. La disbiosis es el desequilibrio de las bacterias que se albergan en nuestro intestino (flora o microbiota intestinal). Esta ausencia de equilibrio se puede producir tanto en las proporciones entre unas bacterias y otras, como en los tipos. Se ha observado que una flora intestinal adecuada juega un papel fundamental en la prevención de enfermedades, entre ellas la obesidad. Así, al comparar la composición bacteriana de la flora entre sujetos con normopeso y con obesidad, se ha visto que mientras que en los primeros prevalecen bacterias beneficiosas, en los segundos hay mayor proporción de bacterias perjudiciales. Además, investigaciones recientes relacionan el papel de la melatonina (secretada durante el sueño) en la inhibición de la obesidad por tener efectos positivos sobre la flora intestinal.

> **Psicología/emociones**. Como verás a lo largo de estas páginas, **las emociones juegan un papel fundamental en nuestras elecciones alimentarias**. Por tanto, el estado de ánimo y estados psicológicos alterados pueden determinar qué, cómo cuánto y cuándo comemos.

- **Patologías**. Al igual que con los fármacos, existen ciertas patologías en las que el aumento de peso es una consecuencia, complicación o comorbilidad. Por ejemplo, es el caso del hipotiroidismo, la diabetes tipo 2 (en este caso, es causa y consecuencia), el síndrome de Cushing o la depresión. Al igual que te comentábamos en el caso de los fármacos, es importante ponerse en manos de profesionales para llevar un control alimentario y de hábitos que nos ayude a mantener el peso.
- **Complexión individual**. La complexión es un factor individual que puede influir en el peso corporal. Las personas de mayor complexión tienden a ser más corpulentas, lo cual no implica que tengan que pesar más. Pero sí es importante tenerlo en cuenta en un proceso de pérdida de peso, pues no podemos pretender que dos personas de similares características (edad, altura, sexo) pesen lo mismo si tienen complexiones distintas. Además, la distribución del tejido graso y del tejido muscular también va a ser un factor determinante en el objetivo de peso a marcar.
- **Edad**. A medida que aumenta la edad, el metabolismo basal se hace más lento y la probabilidad de aumentar de peso es mayor. En condiciones normales, este incremento en el peso no tiene por qué ser significativo, pero sí debemos conocer su existencia.

Todos estos factores no son independientes y están relacionados entre sí, de manera que unos afectan a otros y viceversa. Esto nos refuerza la idea de que **el problema de la obesidad y de la pérdida de peso no es sencillo y debemos abordarlo de forma integral**.

2.3. Evolución humana en el comportamiento alimentario

La evolución de nuestra especie radica en la supervivencia, que se ha visto influenciada en gran medida por el comportamiento alimentario. Así, los cambios que se han producido a lo largo de la historia y que han afectado a la biología, al metabolismo y a la genética son los que han determinado lo que somos actualmente.

La selección natural ha venido determinada por la alimentación, entre otros aspectos. Hace 4,5 millones de años, los primeros homínidos (Australopithecus) obtenían energía a base de frutas, verduras, raíces y nueces (dieta herbívora). Por lo tanto, su eficiencia energética era muy alta, pues con pequeñas cantidades de energía y variedad de nutrientes escasos debían ser capaces de sobrevivir. Es lo que se conoce como "fenotipo ahorrador" (recuerda este término porque hablaremos de él más adelante). Posteriormente –hace 2 millones de años–, conseguimos una posición erecta (Homo erectus) que se acompañó de la aparición de las glándulas sudoríparas y de un color de la piel más oscuro, lo que favoreció la síntesis de vitamina D. En este momento también comenzaron las migraciones y apareció la carroñería, la cacería y la antropofagia (ingerir carne o tejidos humanos), lo cual permitió incorporar proteínas, grasas y médula ósea en la dieta (dieta omnívora), dando lugar a una alimentación más eficiente y siendo clave en la evolución humana, ya que se permitió el desarrollo de cerebros más grandes.

El paleolítico, considerado como el origen del hombre moderno, hace 60 000 años, fue una era de cambios. El crecimiento de la población y el cambio climático supusieron dos fenómenos que generaron un patrón dietético más diverso, contribuyendo a establecer la genética básica del hombre actual. Se incorporaron a la alimentación peces, mariscos, más vegetales y técnicas culinarias nuevas, de forma que la dieta estaba constituida por un 37% de proteínas, un 41% de hidratos de carbono y un 22% de grasas (principalmente insaturadas).

A partir del siglo XIX, los cambios en la ganadería, la agricultura y la revolución industrial conllevaron la modificación del patrón dietético sin afectar a la genética; es lo que se conoce como discordancia evolutiva, es decir, que dichos cambios no han sido suficientemente fuertes como para generar transformaciones notorias a nivel de la secuencia génica. Estas modificaciones se centraron en una ingesta mayor de energía, un incremento en el consumo de grasas saturadas, trans y omega-6, así como un menor consumo de ácidos grasos omega-3, carbohidratos complejos y fibra, lo cual ha dado lugar a una mayor prevalencia de enfermedades asociadas a la alimentación. Por tanto, aunque la diversidad del código genético ha disminuido a partir de las migraciones, debemos ser conscientes de que **la alimentación (calidad de la dieta y eficiencia para obtener energía) influye en la configuración de la estructura genética, lo que determina la selección natural de la especie.** En este sentido, dicha selección se inclina a que seamos consumidores más flexibles de alimentos.

En las últimas décadas se han producido más modificaciones importantes en el comportamiento alimentario, basados en cambios sociales, políticos y económicos, que han afectado principalmente a la diversificación de la dieta (disponibilidad de alimentos de otros países) y a la abundancia (y también escasez) de alimentos. De esta forma, se ha incrementado el consumo de harinas refinadas, lácteos, azúcares refinados, aceites vegetales refinados, carnes grasas, sal y alcohol principalmente, teniendo consecuencias importantes en la aparición de enfermedades crónicas no transmisibles. Además, **las modificaciones en el estilo de vida también han afectado a nuestra forma de comer.** El mayor poder adquisitivo, el avance en el conocimiento de la nutrición y la tecnología de alimentos, la urbanización, o la incorporación de la mujer al mundo laboral han supuesto cambios tanto en las elecciones alimentarias (tipos de comidas) como en el ambiente que rodea al momento de comer. Por ejemplo, la comida se realiza con la televisión, se han permutado los horarios (antiguamente dependían de la luz solar, luego se adaptaron a los horarios de las faenas en el campo y actualmente dependen de las necesidades individuales y suelen ser bastante irregulares), se suele comer más rápido (a veces incluso mientras se conduce, habla o trabaja),

	ANTERIORMENTE	AÑOS 50 (ESPAÑA)	ACTUALIDAD (ESPAÑA)
DESAYUNO	Según la luz solar	6:00 h	7:00-10:00 h
ALMUERZO		12:00-14:00 h	14:00-16:00 h
CENA		18:00-20:00 h	21:00-23:00 h

Modificación de las horas de las comidas

cada vez se come menos en familia, se dedica poco tiempo a cocinar y a disponer de alimentos saludables, etc.

Y, aunque nos parezca que es una forma de adaptarnos a la vida moderna, sin duda tiene unas consecuencias en nuestra forma de relacionarnos con la comida, pues hemos de añadir a todo ello otros componentes como el estrés generalizado instalado en la sociedad actual, o la importancia que se le da al culto al cuerpo y al ideal de belleza (cuya relación con la comida es determinante). En relación con esto último, y aunque parezca extraño, los problemas de peso, tanto por exceso como por defecto, tienen un nexo común y son causa y consecuencia el uno del otro, como veremos en el punto 2.7.

A pesar de que todavía no se hayan visto efectos sobre la genética a nivel evolutivo tras los cambios en nuestra conducta alimentaria de los últimos siglos, sí se están produciendo modificaciones, pues los factores ambientales (la comida es uno de ellos) ejercen un claro papel en la expresión de los genes, como hemos visto anteriormente, y a largo plazo (aunque nosotros no lo veremos) se producirán adaptaciones génicas que determinarán los factores que ayudan a la supervivencia (y una inadecuada alimentación y estilo de vida no serán los candidatos).

En conclusión, y según las leyes de la evolución, solo sobrevive el que se adapta al cambio. Pero debemos reflexionar sobre si la situación de cambio actual nos lleva a sobrevivir (a qué precio y en qué condiciones de esperanza y calidad de vida) o estamos destinados a extinguirnos si seguimos por este camino.

2.4. Mecanismos que regulan el hambre y la saciedad

Las elecciones alimentarias pueden venir determinadas por influencias emocionales, como veremos a lo largo de estas páginas, pero también por factores más fisiológicos como son las señales de hambre y saciedad. No obstante, ambas señalizaciones (psicológicas y somáticas) están relacionadas.

Antes de adentrarnos en el mundo de la fisiología del hambre y la saciedad, es necesario que sepas la diferencia entre estos conceptos.

El hambre es la necesidad fisiológica vital de ingerir alimentos para obtener los nutrientes necesarios que nuestro organismo requiere. Y no debe confundirse, aunque se utilicen indistintamente, con el apetito: el deseo psicológico de comer por placer que además está asociado a experiencias sensoriales (olor, presentación, color, sabor, textura, recuerdos, etc.) y condicionado por el contexto social.

Por su lado, la saciedad es la sensación de llenado gástrico que ocurre tras ingerir cantidades elevadas de alimento y que conduce a dejar de comer. Existe un tipo de saciedad que se llama Saciedad Sensorial Específica y que hace referencia a cuando dejamos de comer parte de un plato para "dejar hueco para el postre".

El equilibrio energético está controlado por el hipotálamo, que a su vez va a determinar la activación o inhibición de rutas neuroendocrinas y metabólicas que regulan las sensaciones de hambre y saciedad y, por tanto, la ingesta de alimentos. Así, el cerebro recibe señales propioceptivas de olor, temperatura, sabor o apariencia, que van desde los receptores gastrointestinales (lengua a intestino) y el nervio óptico hasta el sistema nervioso central para informar de cómo se está produciendo la ingesta, poder medir el estado nutricional y guiar hacia los niveles adecuados de señalización según el objetivo a alcanzar. La información que se transmite va desde aspectos más básicos (sensoriales o velocidad a la que se come) hasta otros más complejos como la integración con áreas del cerebro asociadas a la conducta y la memoria. Es decir, que experiencias psicológicas, comportamiento y aspectos fisiológicos confluyen e integran el proceso alimentario.

La señal de hambre mejor percibida se origina en el estómago (a través del nervio vago). Está determinada por los niveles de glucosa en sangre y por la distensión estomacal, en función de lo cual manda información al cerebro del estado de vaciamiento o llenado gástrico. En caso de que se encuentre vacío, los enterocitos (células de la mucosa del estómago) liberarán grelina, induciendo sensación de hambre. Por su lado, la saciedad está controlada por determinadas hormonas (GLP-1, CCK, PYY), por los niveles de insulina, glucosa y aminoácidos en sangre, por la acumulación de tejido graso (en los adipocitos, células que acumulan grasa) y por la oxidación de nutrientes en el hígado. Todas estas señales hacen que, tras la ingesta de alimento, los adipocitos "sensen" los niveles de reservas energéticas y cuando detectan que están cubiertas, secreten Leptina, una hormona con efecto saciante.

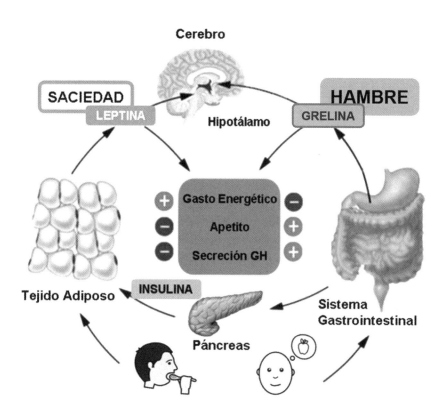

Podríamos entonces resumir el circuito cerebral del hambre y la saciedad en la secreción de grelina y leptina, respectivamente. Pero esto no es tan sencillo, pues numerosas hormonas, neurotransmisores, péptidos, citoquinas, metabolitos y otros compuestos están implicados en este proceso –tal como puedes ver en la tabla–, e interaccionan entre sí, haciendo aún más complejo el sistema de regulación.

	HAMBRE (MAYOR INGESTA)	SACIEDAD (MENOR INGESTA)
PÉPTIDOS	**Grelina** NPY AGRP Beta-endorfinas Orexinas	CCK POMC CART PrRP **Enterostatina** **PYY** **Somatostatina** **GLP-1**
HORMONAS	**Hormonas tiroideas** Glucocorticoides MCH	**Leptina** **Insulina** CRH MSH
OTROS COMPUESTOS	**Endocanabinoides** Noradrenalina (receptor alfa2) GABA	**IL-6** **TNF-alfa** **Cuerpos cetónicos** Dopamina Histamina Serotonina (5-HT) Noradrenalina (receptor alfa1 y beta2

Los compuestos que actúan a nivel periférico están marcados en negrita y los que actúan a nivel central, marcados normal.

Se ha observado que los ratones obesos tienen elevados niveles de leptina en sangre, lo que iría en contra de su función, pues implicaría una mayor sensación de saciedad. Esto es un mecanismo muy similar al que se da en la diabetes, donde los niveles de glucosa en sangre son muy altos. El exceso de leptina está causado porque su receptor no es funcional, por lo que la leptina no se puede unir al receptor y ejercer su función (saciar). Otro mecanismo por el que se ve alterado el sistema hambre-saciedad en personas con obesidad es que la leptina tampoco sea funcional, aunque el receptor se encuentre en perfecto estado de funcionamiento. En cualquiera de los casos, la sensación de saciedad se ve mermada, por lo que es más frecuente ingerir mayores cantidades de alimento.

En los últimos años numerosas investigaciones se han centrado en buscar fármacos que modulen el apetito (hambre) a través de su efecto sobre vías neuronales que controlan la homeostasis energética. Aunque se han desarrollado varias drogas con una diana concreta en una molécula determinada, se ha visto que tienen consecuencias en otras localizaciones. Por ejemplo, la 5-HT (serotonina) es capaz de disminuir la sensación de hambre y el peso corporal, pero afecta a las válvulas cardíacas, aumentando el riesgo de hipertensión arterial. El CB1, un fármaco descrito como antiobesidad, ha mostrado tener efectos psiquiátricos; o el MC4R, cuyo efecto sobre la ingesta ayuda a la pérdida de peso, que también incrementa la presión arterial. Por tanto, la terapia farmacológica actual en la pérdida de peso debe seguir siendo estudiada para tratar de evitar efectos no deseados.

Antes de terminar este apartado, hagamos un pequeño análisis de los principales factores que determinan la ingesta de alimentos, y se pueden resumir en 7 puntos:

a) **Hambre y saciedad**. Como acabamos de ver, las sensaciones de hambre y saciedad van a determinar qué, cuánto y cuándo ingerimos comida (a veces también cómo). Y en este sentido no debemos dejar toda la responsabilidad a la fisiología o la bioquímica, porque como hemos comentado hay otros aspectos que también pueden influir en que se genere una mayor o menor sensación de hambre y/o saciedad. Por ejemplo, la calidad del alimento que se consume. El efecto sobre la saciedad de alimentos muy azucarados o con cantidades elevadas de grasa de mala calidad es mucho menor que el de alimentos ricos en fibra o proteína. Esto explica, por ejemplo, que seamos capaces de comernos una bolsa de croissants de crema de cacao (unas 1 500 kcal) y no sentirnos llenos, pero no podamos comernos 15 manzanas de una sentada sin sentir saciedad extrema.

Como ya vimos en el capítulo anterior, no todas las calorías son iguales y debe prevalecer siempre la calidad. Otro ejemplo sería la masticación o la velocidad a la que comemos. Masticar bien los alimentos ayuda a activar la sensación de saciedad, lo cual va ligado a comer más despacio. El cerebro necesita al menos 20 minutos para que se genere sensación de saciedad. Cualquiera de estos factores puede alterar los mecanismos que regulan el hambre y la saciedad.

b) **Palatabilidad**. Ya hemos hablado antes de ella: es la sensación agradable que se tiene al introducir un alimento en la boca. Esta característica, a nivel de composición alimentaria, la generan los azúcares simples, las grasas, las harinas refinadas, la sal y los potenciadores del sabor. Se ha observado que los productos que contienen estas sustancias están asociados a una mayor ingesta y a un mayor componente emocional (comer emocional, ansiedad, depresión, etc.).

c) **Aspectos sensoriales**. El olor, el sabor, el color o la textura juegan también un papel importante en los mecanismos que regulan la elección de alimentos. Nos resulta más apetecible un plato bien presentado y decorado, con colores atractivos (aunque la materia prima no sea muy buena o incluso no nos guste) que un alimento que nos encante, pero mal presentado. Ahondaremos en este tema en el apartado 2.6.

d) **Aspectos psicológicos**. Como veremos en los próximos capítulos, los aspectos psicológicos (estados de ánimo, estrés, patologías psiquiátricas, etc.) pueden determinar las elecciones alimentarias que se realizan, pues influyen, directa o indirectamente, en mecanismos hormonales relacionados con las emociones y a su vez con la homeostasis energética.

e) **Accesibilidad y coste**. La disponibilidad de alimentos y productos alimentarios hace que nos sea más complicada la elección de alimentos. De esta forma, por ejemplo, cuando vamos a un bufete libre, el simple hecho de ver grandes cantidades de comida y mucha variedad de esta determina una mayor ingesta calórica, pues se estimula la sensación de hambre y apetito. Por otro lado, las personas con menores recursos económicos tienden a llevar una alimentación menos equilibrada, pobre en frutas y verduras; mientras que un nivel económico mayor no siempre se asocia con un mayor equilibrio nutricional. Finalmente, el lugar donde se compren los alimentos también será determinante, de modo que comprar en un supermercado tendrá un efecto muy diferente en las elecciones en comparación con comprar en un mercado, principalmente por los estímulos a los que estamos sometidos y de los que hablaremos en el capítulo 6.

f) **Entorno social.** Según indican las encuestas de hábitos dietéticos, las clases sociales más bajas se preocupan más por saciar el hambre, sin incidir tanto en la calidad de lo que consumen (dedican el poco dinero que tienen a comer con el fin de obtener energía); mientras que las clases sociales más altas suelen preocuparse más por la salud (al tener mayor disponibilidad económica, se pueden permitir seleccionar), lo cual no se traduce directamente en una mejor alimentación aunque sí en una tendencia a mejores hábitos en general. La zona geográfica donde se resida, así como los aspectos culturales, también van a determinar nuestras elecciones dietéticas.

g) **Educación y conocimientos.** El nivel educativo y de conocimientos juega un papel muy importante en la conciencia alimentaria. De hecho, la inclusión de la nutrición en el currículum académico durante la enseñanza básica se asocia a patrones alimentarios más saludables durante la infancia y la adultez.

Como conclusión, la regulación del hambre y la saciedad puede verse modificada por muchos aspectos, entre ellos el exceso de peso o su déficit. Así, al igual que una persona con obesidad, una persona que ha tenido un trastorno de la conducta alimentaria como una anorexia, también tiene alteradas las sensaciones de hambre y de saciedad.

2.5. Sistema de recompensa y adicciones

La determinación de la ingesta alimentaria no solo hace referencia a las calorías ingeridas sino también al tipo y a la calidad de alimento, a la forma de ingerirlo y a las asociaciones cerebrales que se hayan establecido entre dichos alimentos y aspectos más emocionales (un recuerdo, una emoción positiva o una negativa). En este sentido, el aprendizaje de las emociones asociadas a la alimentación tiene gran relevancia durante la infancia, ya que es cuando mayor plasticidad neuronal hay y es el momento en que se crean estas alianzas. Asociaciones que, por cierto, comienzan a establecerse desde el embarazo. Según estudios realizados por Menella (2001), el feto es capaz de identificar sabores y relacionarlos con las emociones que su madre le transmite, pues a través del líquido amniótico, las experiencias sensoriales pueden influir en su comportamiento alimentario y en sus preferencias. Por ejemplo, si la madre come patatas fritas cada vez que está nerviosa, las neuronas del cerebro del feto crearán una asociación: nervios-patatas fritas. Este fenómeno no solo se limita al embarazo sino también a la lactancia. En los estudios realizados con bebés alimentados con lactancia materna se observó que estos bebés aceptaban con más rapidez nuevas verduras cuando se les presentaban que los bebés que no tomaron pecho, dado que están expuestos a mayor variedad de sabores, transmitidos a través de la leche materna.

Por eso es fundamental evitar premiar, castigar, prohibir y obligar a los niños con comida, pues vamos a potenciar el sistema de recompensa y/o a alterar la relación natural con la comida. Pongamos algunos ejemplos:

> Cuando premiamos con dulces al niño para que deje de llorar o se coma toda la comida, le estamos diciendo al cerebro del niño: "cada vez que me sienta triste, necesito comer dulces", además de alterar su sensación de saciedad, puesto que le forzamos a comer quizá más de lo que necesita solo para comerse la "chuche". También se asocia a que el menor establezca una relación dulce-calma, pues en este caso el producto dulce le ayudará a calmarse y dejar de llorar. Por último, si por comerse el dulce ha de terminar toda la comida, abandonamos la toma de decisiones propias del niño en relación a cuánto y cómo ingiere (pues puede ir más rápido para lograr el premio). Todo ello generará mayor apetencia por los dulces y mayor activación del sistema de recompensa. Esta apetencia se genera por el incremento de la conducta asociada, es decir, si hago las cosas bien, logro un premio, y así el premio queda reforzado. De esta forma la comida adquiere un valor especial, se convierte en un regalo.

> Cuando castigamos a un niño con comerse las verduras o con no comer dulces si no recoge sus juguetes, le estamos diciendo al cerebro del niño: "Las verduras no son buenas" o "los dulces solo son para momentos buenos". En este sentido, castigar con alimentos saludables que además suelen ser rechazados habitualmente, solo fomenta una mayor aversión por los mismos. Y por el otro lado, seguimos potenciando una relación emocional con los dulces.

> Cuando prohibimos a un niño cualquier alimento, su cerebro genera mayor curiosidad por probarlo. Por tanto, si no quieres que tu hijo tome chucherías o dulces, lo mejor es no ofrecérselas, pero nunca prohibírselas. Este efecto es extrapolable a los adultos.

> Cuando obligamos a un niño a comer, sea más o menos sano, su cerebro genera mayor rechazo y se produce una alteración de la sensación de saciedad, pues le estamos forzando a comer en contra de su voluntad.

PREMIO (DULCE)	CASTIGO (VERDURA)	PROHIBICIÓN (DULCE)	OBLIGACIÓN (VERDURA)
Apetencia Mayor deseo Asociación emocional	Rechazo Aversión Asociación emocional	Apetencia Mayor deseo	Rechazo Alteración saciedad

Todas estas asociaciones emocionales que se establecen desde la infancia, potenciadas aún más por el entorno, generan conductas alimentarias inadecuadas en la edad adulta mucho más difíciles de gestionar, pues llegan a convertirse en elecciones involuntarias e inconscientes.

Y ¿cómo actúa y funciona el sistema de recompensa cerebral? Para poder entender este mecanismo debemos recordar primero los dos tipos de hambre que se producen:

a) Hambre fisiológica: es la sensación de hambre que se produce por la escasez de energía y por la necesidad de nutrientes.

b) Hambre hedónica: es la sensación de hambre que se produce por el simple placer de comer.

Cuando nuestro cerebro detecta que hay una necesidad energética, como vimos anteriormente, se genera sensación de hambre, y esta está mediada principalmente por la grelina e inhibida por la leptina. En el caso del hambre hedónica, los mecanismos son muy diferentes, puesto que en este caso no hablamos de una necesidad fisiológica de ingerir nutrientes o energía sino de una necesidad emocional. Y ahí entra en juego el sistema de recompensa, una compleja red de estructuras cerebrales interconectadas que, en respuesta a estímulos externos, genera emociones positivas mediadas por la liberación de dopamina, que nos lleva a modificar o potenciar comportamientos a consecuencia del refuerzo positivo.

Este sistema existe como mecanismo básico de supervivencia, de forma que repite acciones beneficiosas para el organismo. El ejemplo más claro es el sexo, que genera placer para asegurar la supervivencia de la especie. Del mismo modo, si un veneno es muy amargo y se rechaza, no se activará el sistema de recompensa y no se querrá volver a probar mientras que, si el hecho de estar en un lugar cálido nos permite mantener la temperatura corporal y sentirnos mejor, el sistema de recompensa tratará de buscar y repetir esa conducta. Lo mismo ocurre con la comida: aquellos productos o alimentos asociados a emociones, sobre todo positivas, activarán el sistema de recompensa y fomentarán conductas de repetición, incrementándose la necesidad de comer más para sentirse bien. Y aquí no hablamos de nutrientes, es decir, que la activación de este sistema no depende del nutriente ingerido, sino de los estímulos sensoriales y emocionales que subyacen a la ingesta. Del mismo modo, la respuesta no solo es emocional, sino que también actúa a nivel de la memoria y el aprendizaje, base que sustenta las conductas repetidas.

Entre las estructuras que forman parte de este sistema y que trabajan de forma conjunta se encuentran: la amígdala (regula las emociones), el núcleo accumbens (controla la liberación de dopamina), el área tegmental ventral (donde se libera la dopamina), la glándula pituitaria (libera oxitocina y endorfinas), el cerebelo (funciones musculares), el sistema límbico y la corteza prefrontal (modulan la conducta y las emociones y están interconectados con el núcleo accumbens y el área tegmental). Este enrevesado sistema actúa de forma extremadamente rápida, integrando la información para dar lugar a acciones voluntarias que generen placer. ¿Y este sistema está siempre ligado a los dulces? No tiene por qué. Puede estar ligado a cualquier acción que nos induzca una sensación de satisfacción (comida más o menos saludable, drogas, alcohol, sexo, deporte, etc.). Lo que sí debemos tener en cuenta es que tenemos que ser conscientes de qué comportamientos lo pueden activar y generar modificaciones en la conducta en consecuencia, si fuera necesario.

―――――――――― ACTIVIDAD ――――――――――

Qué activa mi sistema de recompensa	Cómo puedo gestionarlo

Otra de las grandes cuestiones sobre este tema es: ¿existe la adicción a la comida? Un debate que aún sigue sin una respuesta contundente. Sin embargo, hay estudios que han establecido una asociación entre la ingesta de grasa y azúcar con la activación de determinadas áreas cerebrales de forma muy similar a lo que ocurre con el consumo de drogas (cocaína). Existe evidencia científica de que algunos alimentos pueden alterar el circuito de recompensa y convertirse en potenciales adicciones. En el caso concreto del azúcar se ha visto que su consumo repetido genera niveles de dopamina prolongados, lo cual induce tres respuestas: por un lado, se activan las vías de gratificación, lo que da lugar a la necesidad de consumir más cantidad de azúcar; por otro lado aumenta la tolerancia, es decir, el umbral es más alto y se necesita mayor dosis para generar el mismo efecto; y por último, hay una mayor susceptibilidad, con lo que se libera dopamina con más facilidad. Como consecuencia, al igual que otras drogas, cada vez se necesita consumir más cantidad de azúcar, provocando sensación de ansiedad e incluso depresión si dejamos de tomarla. Además, se ha observado que, si el dulzor desaparece de forma rápida, se incita a comer más cantidad. Por otro lado, la secreción de dopamina no se produce exclusivamente durante y después de la ingesta, sino que puede tener lugar antes, cuando pensamos en lo bien que nos sentiremos al comer un alimento. Es un efecto similar al de los perros de Pavlov, un claro ejemplo de condicionamiento clásico donde el sonido de una campana (inicialmente coincidiendo con el ofrecimiento de comida) acababa generando la salivación de los perros aún sin haber comida.

La adicción a la comida está siendo muy estudiada en los últimos años. Se ha visto que cuando hay un exceso de peso, un alto porcentaje de sujetos (cerca del 70%) muestra índices de adicción a la comida (medidos por los cuestionarios YFAS) asociados a mayor frecuencia de atracones y a sintomatología depresiva. Esta conducta adictiva está relacionada con el tipo de alimento, de forma que la grasa y el azúcar son las sustancias que más activan el sistema de recompensa, siendo además el azúcar el que da lugar a una respuesta exagerada de dicho circuito.

Desde el punto de vista psicológico, son tres las teorías que se barajan actualmente. Por un lado, tenemos compañeros/as que se centran en descartar el discurso orientado hacia la adicción a la comida; por otro lado, otro grupo de profesionales afirman que podemos hablar de adicción a la comida al igual que otras adicciones sin sustancias. El tercer grupo se centra en la diferencia entre adicción a la comida (al igual que adicción a las sustancias), haciendo referencia a la adicción física y adicción comportamental (del mismo modo que otras adicciones comportamentales como la adicción al juego). Lo que sí parece claro es que los problemas de control (comportamental) y la recompensa cerebral asociada (sustancia) son dos factores relacionados con el concepto de adicción a la comida.

A la hora de llevar a cabo un tratamiento psicológico, es importante que tengamos en cuenta la incapacidad de trabajar la adicción a la comida al igual que otras adicciones a sustancias. A pesar de que muchos factores relacionados sean similares, no podemos olvidar las diferencias:

➤ No podemos prescindir de la comida.
➤ No es posible la abstinencia.
➤ Deseo constante de eliminar la conducta.
➤ La abstinencia y las prohibiciones específicas pueden aumentar la ansiedad.
➤ Gran facilidad de comprar todo tipo de comida.
➤ La sociedad juzga de manera diferente otras adicciones. En el caso de la comida, está "bien visto" en muchos aspectos.
➤ Vivimos rodeados de publicidad y mensajes emocionales que fomentan tomar los "alimentos".

Por tanto, y por todos estos motivos, debemos ser cautos a la hora de hablar de "adicción a la comida" como etiqueta psicológica y, además, por las consecuencias psicológicas de asumir una etiqueta que pone en un factor externo a la responsabilidad. Esto nos puede llevar a una idea errónea sobre "no puedo hacer nada, soy adicto a la comida", favoreciendo el control externo y disminuyendo el factor interno.

2.6. Los sentidos en la alimentación

El comportamiento alimentario no solo viene controlado, como hemos visto, por mecanismos homeostáticos, sino que la parte hedónica también regula el hambre y la saciedad. Así, aspectos cognitivos, sociales, emocionales, culturales, económicos y también organolépticos son fundamentales para tratar de comprender la forma de alimentarse de cada individuo. Estos factores organolépticos interaccionan con una serie de complejos procesos que implican preferencias, aversiones, valores, tradiciones o simbolismo.

Los sentidos generan una representación interna del mundo externo a través de la información que es enviada al cerebro, encargado de interpretar las señales y determinar cuál será el comportamiento alimentario a seguir. Veamos, uno por uno, los cinco sentidos y cómo pueden influenciar en nuestras elecciones con la comida.

LA VISTA. El primer sentido por el que percibimos la comida es la vista y quizá sea el más importante, pues junto con el olfato, determina la aceptación o el rechazo del alimento en un 90% de los casos. A través de la vista captamos el color, la cantidad, la forma, la presentación e incluso la técnica culinaria con que se ha elaborado el plato. Si todos estos factores unidos generan una sensación apetecible a la vista, la probabilidad de ingerir más cantidad aumenta, independientemente de que se tenga o no hambre real. Por otro lado, se ha determinado que cuando hay una gran variedad de alimentos a la vista se incrementa el consumo, y si además la cantidad de comida es ad libitum (se puede comer cuanto se quiera), se ha observado que la ingesta aumenta en un 23%. El orden de presentación de los platos, así como el color o el tamaño del plato también determinan la cantidad ingerida de alimento. Por ejemplo, si la misma cantidad de comida se presenta en un plato pequeño, se percibe como una cantidad mayor y genera menos ansiedad o compulsión por comer. Otro ejemplo es el de un estudio en el que presentaban un bizcocho sobre un plato blanco y los participantes percibieron un sabor más dulce, aumentando su consumo. Por tanto, cualquier aspecto que pueda ser relevante a la vista (colores, tamaños, presentación, etc.) va a influir en las cantidades que se consumen.

EL OLFATO. Tenemos más de 400 receptores olfativos que nos sirven para identificar unos 20 000 olores diferentes. Las partículas olfativas son reconocidas por la glándula pituitaria, enviando la información al cerebro para estimular, o no, el apetito. Este sentido es algo más particular que los demás, puesto que está asociado a recuerdos y sensaciones que nos evocan los aromas, de forma que la apetencia puede verse incrementada por un simple recuerdo de la infancia, por ejemplo. Además, posee una función fisiológica importante como es la de impulsar la secreción de jugos gástricos para el proceso de digestión y para identificar alimentos que se encuentran en mal estado. Se ha observado que personas con sobrepeso y bajopeso tienen un menor sentido de precisión olfativa. En un experimento realizado con ratones obesos a los que se indujo la pérdida del olfato, se determinó que la pérdida de peso se veía favorecida.

Así, la estimulación sensorial olfativa induce una mayor ingesta de alimento. El olfato también está relacionado con una región cerebral que regula el metabolismo, de manera que cuando se siente hambre, la sensibilidad olfativa se incrementa con el fin de ingerir más alimento y poder almacenar calorías como mecanismo de prevención al hambre. Los factores que más influyen en la ingesta de alimentos son la intensidad del olor y la personalidad del sujeto.

EL TACTO. Mediante el tacto, determinado por la lengua y el paladar, se identifica la textura y la temperatura del alimento. Se sabe que temperaturas más altas generan mayor sensación de saciedad, por lo que se tiende a comer menos cantidad. Por otro lado, tanto las texturas mezcladas como las texturas crujientes estimulan la ingesta. En un estudio realizado comparando alimentos con y sin condimentos (salsas) se observó que el consumo aumentaba hasta en 500 kcal cuando se mezclaban los alimentos y se presentaban con salsas (brownie con salsa de vainilla o patatas fritas con salsa de tomate), cosa que no ocurría cuando se ofrecían los mismos alimentos por separado. Otro factor que estimula la ingesta es la presencia de texturas crujientes, bien sean solas o mezcladas con otros alimentos.

EL OÍDO. El sonido es el sentido que menos participa en la elección de alimentos, aunque oír crujir un alimento estimula el deseo de comerlo. La atracción por lo crujiente viene de lejos, según el antropólogo John S. Allen, pues una manera de distinguir si un alimento está o no en buen estado es por el crujido; por ejemplo, una verdura blanda indica que está menos fresca que una crujiente. Los estudios de percepción sensorial de Spence (2015) muestran que la manera en que percibimos el sabor de un alimento viene determinada por el sonido que produce al ser masticado, siendo el rango de frecuencia del sonido crujiente que más nos gusta el que va de los 90 a los 100 decibelios.

El Gusto. Existen 5 sabores básicos: ácido, amargo, dulce, salado y umami, que pueden combinarse entre ellos y generar nuevos sabores. De ellos, los más relacionados con una mayor ingesta alimentaria son el dulce y el salado, aunque el umami también parece tener efectos. El sabor de un alimento, junto con el resto de información que nos proporcionen los sentidos, nos ayudará a decidir si el alimento nos gusta o no, lo cual determinará el tiempo que dicho alimento pase en la boca, contribuyendo a la saciedad en caso de que el tiempo sea mayor. Debemos tener en cuenta que el sabor y la apetencia por un alimento van a cambiar durante la ingesta de este.

Las modificaciones de las características sensoriales influyen en la ingesta, pudiendo variar las cantidades ingeridas hasta en un 300%. Partiendo de la base de que no todo el mundo tiene la misma capacidad de percepción sensorial, de que factores como el envejecimiento inducen una pérdida sensorial (volviéndose los sabores más homogéneos) y de que algunas enfermedades o tratamientos pueden alterar la capacidad sensitiva, no debemos dejar de lado el papel que tienen los sentidos en nuestras elecciones alimentarias, muchas veces influenciados también por las emociones asociadas al entorno o a recuerdos y experiencias vividas.

Por último, nos gustaría hacer una reflexión en relación a los sentidos en la comida. Y es que, más allá de lo que nuestras capacidades sensoriales nos aporten y cómo determinen nuestra ingesta, hemos pasado de comer por necesidad a buscar nuevas sensaciones a través de los alimentos. ¿Para qué crees que necesitamos buscar estas sensaciones en la comida? ¿Consideras que puede estar relacionado con el comer emocional o cualquier otro tipo de relación inadecuada con la comida? En nuestra opinión, consideramos que se debe más a una necesidad de innovación (nuevas texturas, olores, colores, formas, etc.) que de búsqueda de emociones que paliar comiendo. Las estimulaciones externas cada vez son mayores y esto a su vez nos lleva a la incansable búsqueda de nuevas sensaciones. De este tema hablaremos en el próximo capítulo.

2.7. Hacer dieta: efectos de las dietas restrictivas

¿Qué pasa en nuestro cuerpo cuando aumentamos de peso? Desde el punto de vista del tejido adiposo ocurren dos fenómenos en un orden determinado. Lo primero que pasa cuando se ingieren elevadas cantidades de energía y esta se acumula en forma de grasa, es que el tamaño de células donde se guarda esta grasa (adipocitos) aumenta para poder albergar el exceso. Pero llega un momento en el que, si persiste el incremento de grasa, la célula no puede crecer más y debe decidir entre morir (estallar) o dividirse, así que opta por lo segundo, formándose un mayor número de adipocitos, que podrán seguir creciendo en tamaño y dividiéndose de forma indefinida. Si llegado un punto se decide bajar de peso, una vez que los adipocitos se hayan dividido ya no hay vuelta atrás. Podremos perder peso, pero no disminuirá el número de adipocitos nuevos que se hayan creado. Por esto las personas que han aumentado mucho de peso y/o han subido y bajado de peso varias veces tienen una mayor dificultad para perder peso, pues su capacidad de almacenamiento de grasa es mayor.

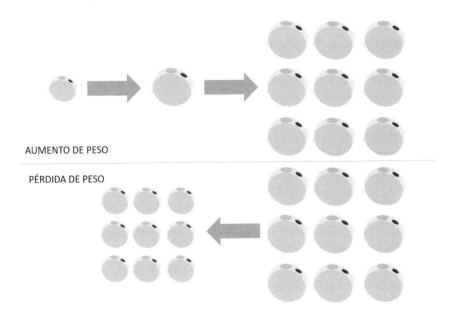

AUMENTO DE PESO

PÉRDIDA DE PESO

Esto ocurre en los adultos. En los niños, durante la formación del tejido adiposo se crea primero el número y luego se define el tamaño. Por eso es tan importante prevenir la obesidad infantil, pues los adipocitos que se generen en la infancia nos acompañarán el resto de la vida, sean del tamaño que sean, facilitando así el exceso de peso y dificultando su pérdida.

Retomando el concepto de fenotipo ahorrador, acuñado por David Barker en 1989, el organismo está diseñado, desde el punto de vista evolutivo, para ahorrar energía, como muy bien explica José Enrique Campillo, catedrático de Fisiología en la Facultad de Medicina de la Universidad de Extremadura, en su libro *El Mono Obeso*. Es decir, estamos programados para acumular energía en forma de grasa debido a las épocas de hambruna que ha sufrido nuestra civilización. De esta forma, se ha visto que los sujetos que nacieron con bajo peso al nacer y cuya madre sufrió deprivación de alimentos, tienen mayor tasa de obesidad y de mortalidad por enfermedades crónicas no transmisibles. Los bebés que nacen bajo estas condiciones tienen una impronta génica que supone una especie de marcaje de carencia alimenticia, por lo que su metabolismo suele ser muy bajo, orientado a ahorrar calorías en lugar de quemarlas. No obstante, cuando la disponibilidad alimentaria es alta y la abundancia permite poder comer cualquier tipo de alimento, al tener fenotipo ahorrador, se tiende a acumular todo lo que se come en forma de grasa, incrementando así el riesgo de sobrepeso y obesidad. Perder esta huella genética (la herencia del hambre) no es fácil, y requiere de varias generaciones, siempre y cuando no se lleven a cabo comportamientos que dificulten aún más pasar del fenotipo ahorrador al opulento.

¿Qué pasa en nuestro cuerpo cuando hacemos dietas restrictivas? Al hilo del fenotipo ahorrador, las dietas altamente hipocalóricas van a fomentar esta práctica de ahorro energético, dado que durante un tiempo prolongado se ingiere una cantidad ínfima de calorías, por lo que el cuerpo entra en modo "ahorro", disminuyendo el metabolismo para gastar lo menos posible. El problema no es la "dieta" en sí (que lo es porque hablamos de dietas restrictivas), sino que el hecho de que después de perder peso, pasando bastante hambre, se retoman los malos hábitos que se tenían antes de la dieta. Como nuestro organismo está en modo ahorrador, cualquier cosa, por pequeña que sea, será exprimida al máximo para obtener energía suficiente, puesto que han pasado muchos meses sin saber cuándo se podrá recibir energía suficiente. Esto explica el hecho de que disminuir las cantidades que se ingieren no es la solución a la pérdida de peso, pues cuando se recupere el tamaño habitual de las raciones, la probabilidad de aumentar de peso será muy alta.

Por otro lado, cuando se lleva a cabo una dieta restrictiva se produce una alteración en las sensaciones del hambre y la saciedad. Dejar de comer o comer pequeñas cantidades de comida impide que se llegue a sentir saciedad, pudiendo afectar posteriormente a llegar a sentirnos saciados, con lo que se ingerirá más cantidad de comida una vez abandonada la dieta. También se altera la sensación de hambre, que se hace más persistente y presente durante el periodo "dieta", dado que normalmente al principio se pasa bastante hambre, aunque luego el organismo se adapta y se pierde dicha sensación.

El principal efecto de una dieta restrictiva, más allá de la parte sensorial, es su efecto emocional y sobre el peso. La bajada rápida de peso y las prohibiciones asociadas a la restricción pueden desencadenar en posibles atracones o comer compulsivo o impulsivo, como veremos en el capítulo 4. Dichos atracones o ingesta compulsiva, además, van a generar un sentimiento de culpabilidad, frustración y malestar (de los que hablaremos en el capítulo 4), que puede desencadenar más atracones o bien iniciar de nuevo un ciclo de restricción. Este ciclo produce unos altibajos en el peso que, a medio y largo plazo, van a dificultar cada vez más la pérdida de peso y a generar un efecto rebote, además de poder desencadenar conductas alimentarias inadecuadas. Una persona que ha tenido obesidad puede llegar a tener problemas de infrapeso (sobre todo si ha realizado dietas muy restrictivas), y una persona con un trastorno de la conducta alimentaria puede desarrollar un exceso de peso.

El efecto rebote está muy bien definido. Se estima que el 90-95% de las personas que realizan dietas para bajar de peso recuperan el peso perdido (o incluso más) en un plazo máximo de 5 años. La principal causa de este hecho es que no se generan cambios a largo plazo. Solemos decir a nuestros pacientes que **la clave del éxito está en crear hábitos de vida (alimentarios, físicos, emocionales, etc.) que se puedan mantener en el tiempo.** Y para ello es fundamental realizar cambios de forma progresiva y lentamente, para que podamos adaptarnos poco a poco y se puedan instaurar los nuevos hábitos.

Por otro lado, no queremos terminar este capítulo sin hablar de los errores más frecuentes que hacen que las dietas (restrictivas) fracasen:

1. **El concepto de "dieta".** Ya lo comentábamos en el capítulo 1: debemos desterrar este concepto y tratar de que esta palabra suponga para nosotros un cambio de hábitos. Lo pondremos en práctica en el capítulo 5.

2. **Restricción y ayuno.** Muchas veces las dietas hipocalóricas están bien pautadas, pero las hacemos más estrictas, comiendo menos cantidad, saltándonos comidas, dejando días sin

ninguna ingesta, etc. Como te podrás imaginar después de todo lo comentado, no es la mejor idea si pretendemos mantener el peso a largo plazo.

3. **No acudir a profesionales**. A menudo elegimos cualquier dieta de internet, o de la vecina, a la que le ha ido de perlas, y olvidamos que cada persona tiene unas características y necesidades diferentes, por lo que será recomendable adaptarse a ellas. Para ello, nada mejor que acudir al profesional adecuado: el dietista-nutricionista o técnico superior en dietética, y si alguno de los componentes psicológicos de los que hemos hablado y hablaremos están afectados, entonces debemos visitar a un profesional de la psicología.

4. **No pensar en cambiar de hábitos**. Concebir la dieta como algo transitorio y negativo es un gran error. Como ya hemos comentado, cuando abandonamos y retomamos nuestros viejos hábitos, se acabó lo que se daba. Todo volverá a su ser, como la calabaza de Cenicienta. Hablaremos de esto en el capítulo 5, donde nos centraremos en el cambio de hábitos.

5. **Compensar**. Pensar en ello es totalmente opuesto a pensar en salud, no solo por sus consecuencias a nivel fisiológico sino también a nivel emocional (frustración, exigencias, culpabilidad, etc.).

6. **Malas conductas**. Pasar hambre es el peor indicativo de estar haciendo bien un proceso de pérdida de peso. Otras conductas inadecuadas serían prohibirse alimentos, saltarse comidas, no hacer vida social para evitar comer, etc.

7. **Creer en los milagros**. Ni los batidos, ni las pastillas quemagrasas ni la dieta definitiva de moda hará un milagro, y si lo hace, créenos, será a corto plazo. Luego se esfumará el encantamiento.

8. **Tener metas irreales**. Si te planteas perder peso, hazlo con cabeza. No podemos pretender perder 20 kg en un mes, sobre todo si has tardado dos años en aumentar ese peso. Cuanto más rápido baje la báscula, más rápida será la subida.

9. **Falta de motivación**. A menudo no existe una motivación real o propia para perder peso; lo hacemos porque nos lo ha dicho

el médico, porque tenemos un evento cercano o por la pareja. La motivación, además, no debe limitarse al primer día, sino que debe mantenerse (aunque cambie) a lo largo del proceso. Recuerda que es un proceso complejo y estar motivado te ayudará a seguir adelante.

10. **Excusas**. "El lunes empiezo", "lo mío es genético" y otras muchas excusas que nos ponemos para abandonar el proceso de pérdida de peso, generan frustración y mayor ansiedad en muchos casos, lo cual juega en contra del objetivo.

En definitiva, dejemos de lado el concepto de restricción y centrémonos mejor en buscar un cambio de hábitos que nos permita perder peso manteniendo la salud tanto física como emocional.

Como actividad final de reflexión de este capítulo, te animamos a completar el siguiente cuadro:

ACTIVIDAD

Causas que pensabas que te habían hecho subir de peso	Lo que piensas ahora

Capítulo 3
El papel de las emociones

Los pensamientos son las sombras de nuestros sentimientos;
siempre más oscuros, más vacíos y más simples.

Friedrich Nietzsche

3.1. Alimentación emocional

Las emociones forman parte de nuestra vida. Desde que nos levantamos, en el primer momento en que abrimos los ojos, nuestras emociones están ya en juego. Llamaremos "alimentación emocional" a una circunstancia específica: nuestras emociones y nuestra alimentación se relacionan.

Entre las definiciones o descripciones sobre comer emocional encontramos, por ejemplo, la realizada por Lazarevich et al (2015), que da importancia a la descripción de este comer como una respuesta a emociones negativas que además se suele relacionar con ganancia de peso; o la ofrecida por Van Strien et al (2016b), que nos habla del comer emocional relacionándolo con las emociones negativas y los sentimientos depresivos. Perpiñá (2015) nos habla de la adicción a la comida señalando la importancia de la ingesta ligada a las emociones, donde la comida se convierte en la sustancia que alivia y regula las emociones disfóricas (las llamadas comúnmente emociones negativas) y eufóricas (las conocidas como positivas). Hay autores, como Macht (2008), que distinguen entre comedores compulsivos y comedores emocionales, especificando que estos últimos aumentan su ingesta de dulces y alimentos ricos en grasas a través de la emoción, y que los comedores compulsivos simplemente aumentan la ingesta sin distinguir entre los tipos de alimentos seleccionados.

Seguro que, al igual que la gran mayoría de autores, en tu caso rápidamente estás pensando en una relación negativa cuando escuchas el concepto de comer emocional: "Estoy triste y me calmo con comida"; pero no siempre ocurre de esta manera. Si piensas en celebraciones, reuniones familiares o sociales también usamos la comida para disfrutar y celebrar estas emociones llamadas positivas. De hecho, algunos autores respaldan esta idea señalando que las emociones positivas también pueden estar relacionadas con esta forma de comer (Macht et al, 2004). Debemos tener en cuenta también que hay emociones que no tienen por qué ser positivas o negativas en sí mismas, pues depende de la valoración personal que cada uno le dé, como por ejemplo el aburrimiento, que también se asocia a comer emocional.

Bajo nuestro punto de vista, "comer emocional" es un acto que todo ser humano realiza pero que convertimos en algo perjudicial y dañino cuando hacemos de la ingesta nuestro mejor recurso para afrontar la vida; ya sea a modo de refugio, de calma, o de evasión.

Macht (2008) nos habla de un modelo en el que, según distintos factores, la ingesta se ve afectada por las emociones de forma diferente.

En el primero de sus puntos señala que las características propias de cada alimento pueden llevarnos tanto a tener mayores preferencias por comer determinados alimentos, como a rechazar otros. Por ejemplo, el sabor amargo puede provocar rechazo debido a la alta sensibilidad de las papilas gustativas a las sales inorgánicas de alto peso molecular que proporcionan este sabor, como veremos en el punto 3.3. Se trataría de algo similar a lo que señalaban los autores Penaforte et al (2018), haciendo referencia a las características propias de los alimentos y el deseo que provocaban.

Un segundo factor de su modelo nos señala que ante emociones intensas se produce una disminución o supresión de la ingesta, algo que no ocurre ante emociones más moderadas. Un ejemplo sería cuando nos ocurre algún acontecimiento grave que nos afecta emocionalmente, y como consecuencia se nos "cierra el estómago".

El tercer punto habla de las emociones moderadas en intensidad, que afectan a la ingesta según la motivación para comer. Aquí podemos diferenciar dos casos: 1) Cuando restringimos la alimentación y ocurre alguna circunstancia que requiera nuestra atención somos incapaces de mantener el control cognitivo en la restricción, por lo que esta desaparece y la ingesta aumenta. Por ejemplo, estar haciendo una dieta muy estricta y tiene lugar una circunstancia inesperada, como la muerte de un familiar, que impide que puedas seguir prestando la atención necesaria a la restricción dietética. 2) Sería el comer emocional en sí mismo, es decir comemos para aliviar una emoción, principalmente negativa, lo cual nos lleva a incrementar el consumo especialmente de grasas y azúcar. Por ejemplo, tras una discusión con un amigo te encuentras muy triste y decides ir a comprar esos bollos que tanto te gustan.

Y, por último, Macht describe una situación de comer emocional congruente con las motivaciones personales, sin que sea percibido como algo negativo. Por ejemplo, que celebres un reencuentro con una cena especial. Aquí te dejamos un gráfico que resume estos 4 factores, adaptado de la imagen usada por Macht (2008).

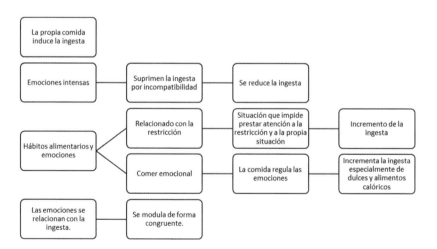

Por tanto, son diversas las funciones que cumple nuestra alimentación emocional, pero en lo que todos los autores parecen estar de acuerdo es en que existe una relación emociones-comida.

¿Es negativa, entonces, esta relación emoción-comida? ¡Para nada! Relacionar nuestras emociones con comida es algo que comenzamos a realizar desde muy pequeños, exactamente desde que somos bebés. Tanto si es a través de la lactancia materna como si se produce a través de la alimentación artificial; cuando un bebe está emocionalmente afectado se calma a través de la alimentación y el contacto con su cuidador. Esta relación no es negativa en sí misma, es una conducta de cuidado que hacemos desde la infancia; sin embargo, con el tiempo y las asociaciones correspondientes vamos creando una relación emoción-comida que nos aleja del aprendizaje de una adecuada gestión emocional, como vimos en el capítulo anterior. ¿Qué asociaciones son las más habituales en la infancia y qué factores influyen?

› Marketing alimentario: regalos que acompañan a productos, dibujos animados asociados a los productos, colores llamativos, etc.
› Refuerzo con comida: entregamos la comida como refuerzo o premio (por notas, por los cumples, etc.).
› Comida como "calma": ofrecer productos/alimentos para calmar y aliviar emociones negativas.

Es decir, mientras tengamos como herramienta casi exclusiva la comida para calmarnos, difícilmente vamos a aprender a gestionar nuestras emociones con estrategias de afrontamiento adecuadas o con una aceptación correcta de las mismas.

Pongamos una situación ejemplo: menor que llega a casa llorando.

Opción 1:
Familiar: "Ven, verás qué rápido se te pasa con esta pizza".
Opción 2:
Familiar: "Ven, vamos a hablar de lo ocurrido".

Como vemos, son dos maneras muy distintas de enfrentar y afrontar la situación. Mientras que la opción 1 impide la posibilidad de actuar o de gestionar la situación, afectando de esta forma al aprendizaje de estrategias de afrontamiento adaptativas, en la situación 2 se permite conectar con lo ocurrido y analizarlo, buscando soluciones.

Veamos otro ejemplo:

Hija: "No quiero hacer los deberes".

Cuidador: "Si haces los deberes, después puedes comer helado".

Hacer los deberes es algo desagradable para esta menor, por lo que, con la intención de que sea lo menos fastidioso posible, después de hacer los deberes recompensamos con el premio: HELADO. De esta forma el helado adquiere un valor reforzante que si lo sumamos a los estímulos sociales que nos incitan a usarlo cuando estamos tristes (películas, anuncios, etc.), tenemos los ingredientes perfectos para que se convierta en una herramienta más de gestión emocional. ¿Significa eso que no debemos comer helado? Lo veremos en el capítulo 4, donde hablaremos de los alimentos prohibidos, pero a modo de un pequeño adelanto: NO. Lo que significa es que es mucho más recomendable usar otro tipo de refuerzos, como pasar tiempo en familia o ir al cine, para que la comida continúe siendo eso, comida; y de esta forma podamos disfrutar de ella sin una inmensa carga de variables emocionales relacionadas.

Por tanto, es importante destacar que no podríamos hablar de comer emocional en los pequeños de la misma manera de la que lo hablamos en adultos, pues es a través de la infancia donde comenzamos a crear futuros comedores emocionales.

Las asociaciones anteriores no son los únicos factores que se han relacionado con la ingesta emocional; Penaforte et al (2018) realizaron un estudio donde comparaban la relación del sweet craving (SC, de sus siglas en inglés, antojo por el dulce) en la ingesta emocional y la calma de factores ansiosos. Nos parece especialmente interesante esta visión y, aunque sean necesarios más estudios para poder concluir datos y relaciones causales, sí podemos quedarnos con la idea que aportan los autores y extrapolarla a nuestras consultas. Estos autores, por un lado, hacen referencia al uso de algunos alimentos específicos (especialmente hidratos de carbono y dulces) utilizados como una medicación, buscando con su ingesta la calma y refuerzo ante la respuesta ansiosa. Es cierto que, a diferencia de las medicaciones ansiolíticas, la ingesta tiene un efecto de corta duración. Por otro lado, hacen referencia a las características del propio producto (palatabilidad, marketing alimentario, asociaciones) que producen el aumento de deseo por ellos.

Por tanto, el tratamiento psicológico indicado cuando nos encontramos con una situación de ingesta emocional que afecta a la persona de forma negativa no se basaría en la eliminación de dicha ingesta emocional como objetivo principal. ¡Todos comemos emocionalmente! Se basaría más bien en llenar la caja de herramientas con otros recursos y estrategias de afrontamiento que acompañen a la alimentación emocional, además de explorar los motivos que nos llevan a ella para poder trabajarla psicológicamente. Es necesario conocer las características individuales que influyen en la relación con la comida, así como la cadena conductual y cognitiva que se asocia a la misma. Para ello hacemos uso de los conocidos registros de conducta y de pensamientos, o simplemente podemos comenzar por realizar "un diario de nuestras comidas", con la diferencia de que no anotamos simplemente lo que comemos, sino cómo nos sentimos antes y después, así como los pensamientos que nos acompañan.

¿Siempre que hablamos de ingesta emocional hacemos referencia a aumentar la cantidad de comida? La respuesta es no: las emociones también pueden afectarnos reduciendo nuestro apetito y disminuyendo la ingesta, como bien señalaba Match (2008). Del mismo modo que el comer emocional no se produce siempre con alimentos insanos, ya que puede darse también con alimentos saludables. **Lo que caracteriza el comer emocional no es el alimento en sí, sino que el motivo de ingerirlo tiene una causa o busca una consecuencia emocional no gestionada**.

Si eres profesional y necesitas explorar la relación emocional con la comida a través de un cuestionario, te recomendamos el uso de Emotional Appetite Questionnaire (EMAQ), de Nolan et al (2010). Este cuestionario nos permite evaluar nuestra relación emocional con la alimentación teniendo como opciones el aumento o disminución de la ingesta. Nosotras te animamos a usarlo a modo de reflexión, para ayudarnos a tomar consciencia sobre cómo afectan a nuestra alimentación las distintas emociones.

3.2. Emociones, flora intestinal y exceso de peso

En el apartado anterior hemos hablado largo y tendido de cómo las emociones se relacionan con nuestra forma de comer y cómo, ante diversos tipos de emociones, podemos modificar nuestro comportamiento. Debemos tener en cuenta que, a menudo, a nivel cerebral, se produce un círculo que se retroalimenta constantemente y del que no es fácil salir: pensamiento-sentimiento-acción.

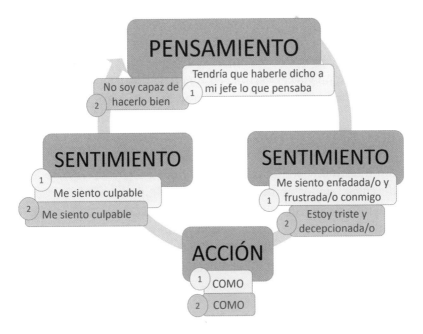

Hablemos del ejemplo de la imagen. Imagina que has tenido un mal día en el trabajo y tu jefe te ha echado una buena bronca, sin llevar del todo la razón, pero en ese momento no has sido capaz de decirle lo que pensabas. Cuando llegas a casa piensas en ello y consideras que deberías habérselo dicho. Te invade una sensación de impotencia, enfado y frustración. Si en tu cerebro se han establecido las asociaciones entre comida y placer hedónico, es muy posible que ante determinadas emociones y en búsqueda de sentirte mejor, hagas una visita a la cocina. Momentáneamente sientes más alivio, pero poco después, una sensación de culpabilidad te invade por haber comido. Como consecuencia, por tu cabeza no deja de rondar una frase: "no soy capaz de hacer las cosas bien" (en relación a la comida y al problema que, por cierto, persiste). Te sientes triste y tu autoestima está por los suelos, lo cual te lleva de nuevo a comer. Aquí también pueden aparecer pensamientos del tipo "total, si ya lo he fastidiado, qué más da", "por una vez no pasa nada" o "una vez más y ya está". Todos ellos son pensamientos limitantes que te impiden pasar a la acción (es decir, gestionar la situación de forma correcta), lo cual te lleva a la comida; y posteriormente te vuelves a sentir culpable, probablemente más aún que la vez anterior. Y así, se crea poco a poco un círculo que puede convertirse en una bola de nieve y del que no es fácil salir, pero ¡se puede!, como veremos más adelante a partir del capítulo 5. Y recuerda siempre que es mejor que te acompañen profesionales en el camino.

Antes de adentrarnos en la relación entre las emociones, la flora intestinal y el aumento de peso, nos gustaría mostrarte los diferentes estados emocionales. Es muy importante ser capaces de identificar qué emociones o estados emocionales estamos sintiendo. Vamos a referirnos a las definiciones de Paul Ekman sobre las 6 emociones básicas para poder comprender mejor nuestro mundo emocional. Según Ekman, esas emociones son: asco, miedo, sorpresa, alegría, tristeza e ira. Cinco de ellas puedes verlas en la película Inside Out, que te recomendamos encarecidamente. Estas emociones primarias son estados afectivos que tienen una función adaptativa, pues tratan de que el organismo sea capaz de reaccionar ante un estímulo determinado. A partir de estas emociones básicas se genera una amplia variedad de emociones secundarias, como puedes ver en la siguiente imagen.

El estudio de las emociones puede seguir dos enfoques diferentes. El primero se basa en el modelo categórico, donde hay un número de emociones básicas, innatas y fruto del proceso evolutivo. De hecho, resultan de las funciones de la parte más ancestral de nuestro cerebro (amígdala y sistema límbico). Su objetivo básico

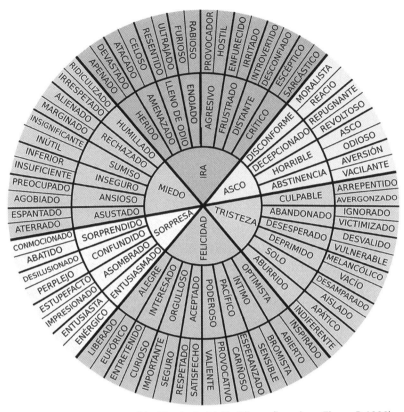

Modificado de Adrián Silisque (basado en Ekman P, 1999).

es la supervivencia, sin importar la consciencia o los pensamientos, por lo que están asociadas a funciones involuntarias (ritmo cardíaco, respiración, sudoración, etc.). Tras la aparición del córtex prefrontal, se empezaron a desarrollar los estados emocionales secundarios, donde la conciencia sí juega un papel, convirtiéndose en una compleja red de conexiones neuronales. No obstante, estudios recientes apuntan a que las emociones primarias siguen controlando la respuesta emocional y la creación de emociones secundarias. Por otro lado, el modelo dimensional explica la integración cerebral que se produce cuando hay situaciones emocionales, de forma que se produce una combinación de experiencias, emociones y juicios (agrado o desagrado), lo que conlleva a que la persona reaccione de una forma u otra (acercamiento o alejamiento del estímulo). Lang, Bradley & Cuthbert añadieron una tercera dimensión, que hace referencia a la percepción de control que tiene el individuo sobre sus propias emociones y el entorno que las propicia. Es la dominancia.

En la siguiente tabla tienes diferentes estados emocionales. Te animamos a que trates de identificar si alguna vez has sentido alguno de ellos para familiarizarte con tu lado emocional.

Aburrimiento	Culpa	Empatía	Inseguridad	Rabia
Aceptación	Curiosidad	Espanto	Ira	Rebeldía
Admiración	Decepción	Esperanza	Irritación	Rechazo
Alegría	Desamparo	Euforia	Melancolía	Remordimiento
Alivio	Desaliento	Excitación	Mezquindad	Rencor
Amor	Desamor	Éxtasis	Miedo	Resentimiento
Angustia	Desánimo	Fastidio	Nostalgia	Resignación
Ansiedad	Desasosiego	Felicidad	Obstinación	Satisfacción
Añoranza	Desconcierto	Frustración	Odio	Seguridad
Apatía	Desconfianza	Fobia	Optimismo	Serenidad
Apego	Deseo	Gratitud	Orgullo	Solidaridad
Asco	Desesperación	Hostilidad	Paciencia	Soledad
Asombro	Desgana	Humillación	Pánico	Sorpresa
Calma	Desidia	Ilusión	Pasión	Tensión
Cariño	Desprecio	Impaciencia	Pena	Ternura
Celos	Dolor	Impotencia	Pereza	Timidez
Cólera	Duelo	Incomprensión	Pesimismo	Tranquilidad
Compasión	Enfado	Indiferencia	Placer	Tristeza
Confianza	Entusiasmo	Indignación	Plenitud	Vacío
Confusión	Envidia	Insatisfacción	Prepotencia	Vergüenza

Ahora haz un pequeño ejercicio de identificación de emociones. Anota qué situaciones te han llevado a sentir alguna emoción o estado emocional y cómo has actuado. Ten en cuenta que nuestros pensamientos y/o creencias pueden influir tanto en cómo percibimos la situación como en nuestra respuesta emocional.

♯♯♯ ———————— ACTIVIDAD ———————— ♯♯♯

Situación	Emoción	Acción

Una vez conocidas e identificadas las emociones, vamos a hablar ahora de cómo se relacionan con la flora intestinal y la obesidad.

La flora intestinal es el conjunto de bacterias que alberga nuestro intestino y cuyas funciones son cada vez más amplias, pues su desequilibrio (disbiosis, de la que ya hemos hablado) se ha relacionado con numerosas enfermedades (obesidad, trastornos de la conducta alimentaria, Alzheimer, etc.) y también con estados emocionales negativos (ansiedad, estrés, depresión, etc.). En principio, estas bacterias no son perjudiciales (dependiendo de qué especies predominen) sino todo lo contrario, ejercen una función vital: favorecen nuestro sistema inmunitario, impiden que otros organismos patógenos nos colonicen, sintetizan sustancias que no somos capaces de producir y aprovechan alimentos que no podemos digerir para su supervivencia, por lo que tenemos con ellas una relación de simbiosis. Por tanto, el grado de diversidad y el tipo y proporción de bacterias que nuestro intestino albergue determinará nuestro estado de salud. Este ecosistema de bacterias difiere en cada persona en función de aspectos individuales, como las emociones, y de factores ambientales a los que se está expuesto, entre ellos la alimentación.

Para poder entender cómo las emociones, el peso y la flora intestinal están relacionados, debemos conocer la interconexión entre el cerebro y el intestino. Durante el desarrollo fetal, el sistema nervioso entérico (gastrointestinal) y el central (cerebro y médula espinal) se generan conjuntamente, pero luego se diferencian, manteniéndose conectados a través del nervio vago, y estableciendo una conexión bidireccional cerebro-intestino-cerebro. La flora intestinal utiliza el mismo nervio para enviar información al cerebro. Y ¿qué tipo de información envía el intestino al cerebro? Pues muy variada: desde la sensación de saciedad, hasta los nutrientes que recibe o el estado de motilidad intestinal. La integración de toda la información fisiológica y emocional es responsable de que, por ejemplo, cuando estamos muy nerviosos antes de un examen, nos entren ganas de ir al baño. Esta relación entre el intestino, la flora y el cerebro, conocida como eje cerebro-intestino-microbiota, se lleva a cabo gracias a la participación del sistema inmunitario, los circuitos hormonales y el sistema nervioso. Seguro que te preguntas cómo las bacterias pueden contactar con el cerebro. Pues como todo, mediante compuestos que actúan como mensajeros. En este caso, las bacterias intestinales son capaces de liberar sustancias que actúan como neurotransmisores, y que ejercerán sus funciones en el cerebro. De esta forma se establece el nexo entre la variabilidad y tipo de bacterias del intestino, dependiendo de lo cual se liberarán unos compuestos u otros, y su influencia sobre la conducta y las emociones. Así, una disbiosis podría generar una alteración de la respuesta normal ante situaciones de estrés o ansiedad, tristeza o alegría.

Por otro lado, la conexión entre el cerebro y el sistema gastrointestinal ejerce una función sobre la homeostasis energética y, por tanto, sobre el peso. La regulación de la homeostasis está coordinada por un circuito que incluye diferentes regiones, entre ellas el axis cerebro-intestino. El núcleo del tracto solitario del cerebro recibe información del intestino, lo que va a determinar las secreciones paracrinas que se van a producir; en función de la información percibida, se estimulará o se inhibirá la saciedad. Hace algunos años se determinó que la flora intestinal de sujetos con obesidad es diferente a la de sujetos con normopeso.

No queda muy claro qué es primero, si el huevo o la gallina; es decir, si la obesidad causa una alteración de la flora intestinal, o bien una modificación del ecosistema bacteriano inducida por influencias externas puede aumentar el riesgo de obesidad (los factores que afectan a la flora y a la obesidad son similares). A día de hoy la hipótesis más establecida es que ocurren ambas situaciones. En experimentos realizados en ratas se ha visto que una dieta alta en grasas induce un feedback patológico a nivel de la flora intestinal y se produce un incremento en la secreción de grelina y otros compuestos orexígenos (estimuladores del apetito). Entre los factores que modifican la flora intestinal se encuentra la alimentación. Determinados alimentos pueden favorecer una flora intestinal saludable, mientras que otros pueden perjudicarla. Entre los del primer grupo encontramos principalmente los probióticos (contienen bacterias vivas), los prebióticos (sirven como sustrato energético para las bacterias) y los simbióticos (tienen efecto prebiótico y prebiótico). Entre los alimentos del segundo grupo se encuentran los productos con altas cantidades de azúcares simples, grasas no saludables y los edulcorantes. Además, las variaciones genéticas y el consumo de dietas altas en estas tres sustancias afectan a la relación ingesta energética-placer hasta el punto de ser responsables de la adicción.

	PROBIÓTICOS	PREBIÓTICOS	SIMBIÓTICOS
FAVORECEN LA FLORA	Yogur natural Kéfir Té kombucha Tempeh Chucrut Kimchi Pepinillos	Fibra, Inulina y Fructooligosacáridos Goma arábica Ajo Cebolla y puerro Cereales integrales Legumbres	Yogur con salvado
PERJUDICAN LA FLORA	**AZÚCARES SIMPLES**	**GRASAS NO SALUDABLES**	**EDULCORANTES**
	Zumos sin pulpa Bollería Azúcar y derivados	Ultraprocesados Dulces y bollería Fast food Precocinados Carnes procesadas	Sacarina Stevia Ciclamato Aspartamo Sucralosa
	DIETAS RESTRICTIVAS	**TÓXICOS**	**EXCITANTES**
	Hipocalóricas Dietas milagro	Alcohol Tabaco	Café

Por tanto, a través de una alimentación saludable podemos modular la flora intestinal y, por ende, la regulación del peso corporal y otras enfermedades. En relación a la obesidad, la microbiota asociada a la obesidad altera la obtención de energía, la resistencia a la insulina, la inflamación y los depósitos de grasa. Además, entre las funciones de la flora intestinal se encuentra la de regulación de la adiposidad, de la señalización central de la sensación de hambre, así como del sistema de recompensa del que ya hemos hablado. Por todo ello, la flora intestinal está siendo foco de numerosas investigaciones como posible diana terapéutica frente a la obesidad, entre otras patologías. En este sentido, ya se están realizando estudios de trasplante de flora fecal para favorecer la disminución de peso, pues se ha visto que este tratamiento realizado en ratones a los que había inducido obesidad mejoraba la pérdida de peso.

3.3. Genética y emociones: de dónde viene la apetencia por los sabores

Ya hemos hablado mucho de los sentidos en la alimentación, pero ahora queremos contarte de dónde vienen nuestras preferencias alimentarias.

Los sabores comienzan a ser detectados durante el embarazo, a través del líquido amniótico. En función de la alimentación de la madre, el bebé percibe sabores más o menos variados, y parece ser que es en ese momento cuando comienzan a establecerse las preferencias del gusto. Esto no significa que cuando sea adulto le tengan que gustar todos los sabores que percibió durante su desarrollo fetal, pero sí hay estudios que establecen que cuanto mayor es la variabilidad de alimentos que consume la madre durante el embarazo, mayor probabilidad de aceptación de nuevos sabores tendrá el niño. La aceptación o rechazo a los alimentos no solo depende de esto, sino de otros muchos factores, como vimos en el capítulo anterior.

En este periodo hay que destacar que el feto también es capaz de percibir las emociones de su madre, por lo que ya podríamos estar empezando a generar las asociaciones entre preferencias de sabores y emociones positivas o rechazo con emociones negativas, aunque también pueden darse los casos opuestos (aceptación-emociones negativas), por ejemplo, en el caso de comer chocolate cuando se está triste. Bien, pero es cierto que existe una preferencia innata por el sabor dulce. Y pensarás, "Bueno, entonces ¿por qué tanto revuelo con los dulces?" Te lo contamos. Esta predilección por el sabor dulce, así como el rechazo por los sabores amargos, es totalmente natural en los bebés e incluso puede prolongarse hasta los 5 o 6 años, y se debe a un motivo muy justificado: la supervivencia y la evolución de la especie. Tanto la leche materna como los alimentos altamente energéticos son dulces, por lo que el bebé ha desarrollado de forma natural esta alta apetencia por dicho sabor, con el único fin de poder comer y crecer. Por otro lado, la mayor parte de tóxicos y venenos presentes en la naturaleza, así como alimentos en mal estado, son amargos, por lo que resulta lógico pensar que sean rechazados para no morir intoxicado. Ahora bien, estas preferencias cambian con el tiempo, siempre que no incidamos sobre ellas, de manera que el favoritismo por el sabor dulce va disminuyendo con la edad (no desaparece, pero es menos intenso) y el rechazo por el sabor amargo tiende a desaparecer, comenzando a ser aceptados los alimentos en los que predomina dicho sabor. El problema radica cuando, debido al ambiente obesogénico y al uso emocional que hacemos de los alimentos, principalmente dulces, impedimos esta evolución natural. Por tanto, cuando ofrecemos alimentos con un potencial de dulzor alto (chucherías, dulces, productos procesados, cereales chocolateados, etc.), a los niños a partir incluso de los 4 meses, estamos fomentando que el umbral del sabor dulce no solo no disminuya, sino que aumente. Y en relación al amargor, exactamente lo mismo; si no ofrecemos verduras y otros alimentos amargos, o incluso los usamos como castigo o amenaza, no solo estamos evitando que sean aceptados más adelante, sino que estamos estableciendo una relación inadecuada a nivel emocional, tal como hemos visto.

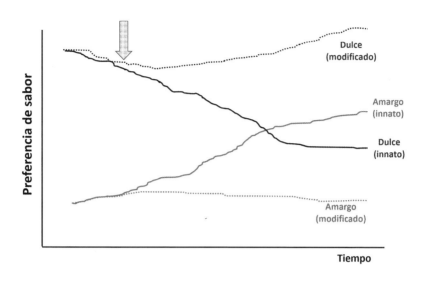

Por tanto, podemos concluir que, aunque exista una preferencia natural por determinados sabores, el uso que hacemos de ella y si establecemos o no una relación emocional, puede fomentar su consumo y elección, o bien puede simplemente formar parte del abanico de sabores de nuestro sistema gustativo y cerebral.

Para terminar este capítulo queremos hablarte, del mismo modo que hemos visto un componente genético en la obesidad y en la preferencia de sabores, de cómo nuestros genes pueden influir en nuestras emociones. No obstante, recuerda que la genética no lo es todo y que en nuestra mano tenemos el poder de modificar gran parte de sus efectos.

Estudios recientes han demostrado que la variabilidad genética puede determinar tanto los tipos de emociones primarias percibidas como la respuesta a dichas emociones.

Determinadas variaciones genéticas (polimorfismos) en el gen ADRA2b, relacionado con la liberación de noradrenalina, pueden influir en el grado de sensibilidad a la información emocional del entorno (imágenes positivas o negativas), de modo que hace que se perciban en mayor medida las emociones y se determine si son más relevantes. Por el contrario, una deleción en este gen hace que se preste más atención a palabras negativas. Otras variaciones genéticas en genes del receptor de glutamato (NMDA) como GRIN1 se asocian a depresión y a comportamiento disruptivo. También existe una relación genética entre el estrés y el apetito, mediada por el genotipo 5HTTLPR (transporte de serotonina), que influye en los cambios de ánimo en respuesta al estrés, en la sensación de apetito y en la ingesta de energía tras el estímulo estresante, de forma que, en una situación de estrés percibida en mayor medida, se aumenta la sensación de hambre y se ingiere mayor cantidad de comida, preferentemente dulce. En relación a esto se observó que, si los sujetos que portaban esta variante además tenían una variación del gen COMT, la percepción emocional era menos efectiva.

Esta variabilidad de la respuesta emocional con causa genética también viene determinada por el sexo, de forma que las mujeres y los hombres procesan de manera distinta las emociones, teniendo las mujeres una mayor capacidad de reconocimiento emocional debido a una variante en el gen ARNT2, implicado en la secreción de oxitocina. Esto podría explicar la gran susceptibilidad emotiva que se genera tras el parto, donde la liberación de oxitocina es muy elevada. Existe también una predisposición genética en la depresión y otros trastornos psiquiátricos (trastorno bipolar), pudiéndose modificar la respuesta y la tolerancia a antidepresivos en función de los polimorfismos génicos. Del mismo modo, se han determinado variantes genéticas asociadas a la felicidad y a un mayor bienestar emocional subjetivo.

En este punto, donde podríamos decir que las emociones o, mejor dicho, su percepción o inclinación tienen un claro componente genético, es importante que sepas que tener determinadas variantes genéticas no implica heredabilidad; es decir, que si tuvieras alguna de las variaciones génicas que hemos comentado, eso no quiere decir que tus hijos las vayan a heredar, o más bien, que tu respuesta emocional no es heredable. Sin embargo, debemos plantearnos una cosa importante, pues las modificaciones epigenéticas de la expresión de los genes sí pueden heredarse: aunque ciertamente puede haber un componente genético en algunas enfermedades psiquiátricas o incluso en la respuesta emocional, ¿el hecho de que una persona se tome la vida de forma distinta a otra se "heredaría" por la genética o más bien son conductas aprendidas que vemos en nuestros padres y tendemos a repetir? Pues sí, ocurren ambas cosas. Pero para rizar más el rizo, el ambiente interacciona con todos esos factores y puede determinar el resultado final, pudiendo modificarse con el tiempo, lo cual viene influido por la experiencia, la memoria y el aprendizaje.

En resumen, el mundo de las emociones es muy muy complejo, cambiante e influenciable por numerosos factores que van más allá de la genética.

Capítulo 4
Aspectos psicológicos
de la obesidad

Es imposible la salud psicológica, a no ser que lo esencial de la persona sea fundamentalmente aceptado, amado y respetado por otros y por ella misma.

A. Maslow

4.1. Hambre fisiológica y emocional

Antes de comenzar es necesario aclarar que no es tan fácil y sencillo diferenciar entre ambos tipos de hambre. Lo exploraremos de esta forma dicotómica simplemente como modo en el cual es mucho más cómodo diferenciar las sensaciones reales de hambre y saciedad, de las emocionales, pero debemos ser conscientes de que llevado a la realidad puede resultar mucho más complejo.

Podemos encontrar numerosos autores que usan otro tipo de expresiones para hablar del hambre fisiológica o real. Te recomendamos los 7 tipos de hambre de los que habla Jan Chozen en su libro "Comer Atentos". La clasificación que realiza esta autora nos parece un modo muy interesante de trabajar el hambre y las sensaciones asociadas a ella, así como la saciedad y la satisfacción.

La práctica clínica nos ha demostrado específicamente que el hambre olfativa, visual y bucal son tres de las más olvidadas cuando nos alimentamos, siendo una experiencia totalmente nueva el poder reconectar con estos sentidos.

Centrándonos en la diferencia que nos ocupa actualmente (hambre fisiológica y hambre llamada emocional) podemos usar distintos puntos que de forma sencilla nos ayuden a delimitar ante qué tipo de hambre nos encontramos. Sin embargo, te recordamos de nuevo que es una simple estructura para ubicarnos,

pero que en realidad no es posible hacer una diferencia tan marcada, ya que ambos tipos de hambre se interrelacionan entre sí y las sensaciones se pueden confundir entre ellas.

Dicho esto, comencemos con los puntos que nos ayudarán a diferenciar y conocer nuestra sensación de hambre:

> ¿Han aparecido de repente mis ganas de comer? Cuando hablamos de hambre fisiológica es habitual que la aparición se dé de forma gradual. Sin embargo, cuando hablamos de otro tipo de necesidad de comer, nos encontramos ante una necesidad repentina que debe ser cubierta y satisfecha cuanto antes. Es necesario tener en cuenta que a veces se deben trabajar las sensaciones de hambre y saciedad, ya que se puede confundir un inadecuado aprendizaje y reconocimiento de estas con un hambre no fisiológico. La saciedad se produce, como vimos en el capítulo 2, por la liberación de una serie de hormonas que dan información al cerebro de la situación energética del organismo, por lo que se necesita un tiempo de unos 20 minutos, al menos, para que podamos sentirla. Es importante, a nivel

nutricional, ser conscientes de nuestra sensación de saciedad, de cómo se va llenando el estómago y de cómo de llenos nos sentimos después de comer. Para identificar la sensación de saciedad, te animamos a que prestes atención a tu estómago y trates de identificar en cuál de los siguientes niveles sientes el llenado de tu estómago en diferentes momentos del día.

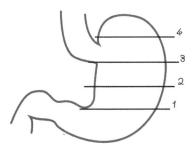

> ¿Acabo de comer una comida lo suficientemente completa para mí? Fíjate, con "lo suficientemente completa para mí", nos referimos a lo que implica dejar a un lado las creencias sobre cantidades, medidas y adelgazamiento para centrarnos en lo que consideramos adecuado para nosotros (que previamente hemos hablado y compartido con nuestro profesional de la dietética y nutrición), uniendo nuestra educación alimentaria con nuestras características individuales. Si la respuesta es afirmativa, es necesario que prestemos atención a otros posibles motivos.

> ¿Qué sentido se ha despertado en mí? ¿Se ha despertado mi antojo visual, mi hambre olfativa? Es importante que dediquemos un momento a centrar nuestra atención en qué parte de nosotros tiene más hambre y qué ha despertado esta sensación. Es posible que sea mi estómago que ruge (hambre fisiológica) o que sea mi vista la que se ha despertado por una hermosa decoración de la comida.

> ¿Tengo un antojo específico? Cuando nos alejamos del hambre fisiológica podemos comenzar con los antojos a alimentos concretos y específicos, y en un gran número de veces suele

coincidir con esos alimentos o productos que normalmente tenemos prohibidos (hablaremos de esto en el apartado 4.5).

‣ ¿Puedo posponer mi momento de comer? Si la respuesta es afirmativa, podemos suponer que estamos ante un hambre fisiológica, es decir, podemos esperar unos minutos o incluso una hora hasta nuestra próxima comida que el hambre irá progresivamente aumentando. Estaríamos hablando de un hambre diferente si, por el contrario, sentimos un inmenso deseo de comer de forma instantánea y además de un alimento específico, de forma que, si no disponemos de él, comenzamos a ingerir lo que tengamos más a mano sin lograr sentirnos satisfechos, ya que lo que verdaderamente queremos no lo estamos consumiendo.

Te extrañará que durante todo el apartado hemos estado usando los términos hambre "diferente" y hambre emocional; se debe a que todo lo que no es hambre fisiológica no tiene por qué ser hambre emocional. Podemos tener diversos motivos que nos lleven a comer de forma desconectada de nosotros mismos y no todos ellos responden a un componente puramente emocional: un mal día en el trabajo, una discusión con nuestra pareja, un problema que no sabemos resolver o no poder compartir con nadie, una situación difícil, no ser capaces de expresar nuestras emociones, etc. Sin embargo, también podemos comer de esta forma por el placer obtenido de la comida sin que las emociones a priori medien en esta conducta (somos seres humanos y nuestras emociones están constantemente mediando en nuestra conducta, pero debemos diferenciar cuándo lo hacen de forma directa e indirecta).

Por tanto, es necesario realizar una intervención psicológica para explorar qué es aquello que se relaciona con nuestra forma de comer, conocernos y escucharnos mejor para dar respuesta a nuestras necesidades reales. Si necesitas comenzar por alguna parte, te animamos a realizar el siguiente ejercicio de reflexión antes de cada comida:

	HAMBRE FISIOLÓGICA/REAL	OTRO TIPO DE HAMBRE
¿Han aparecido de repente mis ganas de comer?	Generalmente el proceso es gradual	Puede aparecer de forma repentina
¿Acabo de comer una comida lo suficientemente completa para mí?	Por lo general, si hemos comida lo suficiente, el hambre desaparece	A pesar de comer lo suficiente, la sensación de hambre puede continuar
¿Qué sentido se ha despertado en mí?	Puede ser hambre real aislada o mezclada con algún sentido especifico: olfato, vista, etc.	Por lo general se han despertado las ganas de comer por algo que se aleja de nuestro estómago
¿Tengo un antojo específico?	Si tenemos hambre real, podemos cubrir nuestra hambre con cualquier alimento o producto	Exclusivamente nos vale un alimento específico o tipo de alimento/producto
¿Puedo posponer mi momento de comer?	Sí podemos posponerlo, aumentado el hambre de forma progresiva	Se nos hace imposible posponerlo, teniendo que saciarla de forma instantánea

> ► ¿Dónde siento hambre?
> ► ¿Qué parte de mí tiene más hambre?
> ► Te dejamos varios ejemplos: ¿es la pereza la que me anima a pedir a domicilio y me impide cocinar? ¿Es el recuerdo de mi amiga lo que me hace pensar en esa pizza que siempre compartía con ella? ¿Quiero helado para olvidar, como hacen en las películas? ¿Me siento sola y únicamente pienso en comer?

Te animamos a anotar tus reflexiones en una libreta y a lo largo de tu lectura ir profundizando en ellas.

4.2. Picoteo y atracones son cosas diferentes

¿Picoteo o atracones? Antes de que comencemos a desgranar ambos conceptos, te proponemos escribir cuáles consideras que son las características de cada uno de ellos y si crees que te ocurren y/o suponen una dificultad en tu camino.

))) ——————— ACTIVIDAD ——————— **(((**

	CARACTERÍSTICAS	¿ME OCURREN?	¿SON UNA DIFICULTAD?
PICOTEOS			
ATRACONES			

Son dos palabras muy amplias conceptualmente, especialmente la del "atracón", que tiene numerosas definiciones y maneras de considerarse. La primera persona en hablarnos del concepto de "atracones" fue Stunkard, en 1959, a través de su estudio en población obesa, pero no fue hasta la DSM-5 ("Manual diagnóstico y estadístico de los trastornos mentales de la Asociación Americana de Psiquiatría") cuando el trastorno de atracones no tuvo una entidad propia. Entre las distintas características que componen dicha alteración, la DSM-5 define lo que se considera un "atracón": "ingesta en un periodo determinado de una cantidad de alimentos que es claramente superior a la que la mayoría de las personas ingeriría en un periodo similar en circunstancias parecidas".

Y además nos señalan algunas de las características que pueden acompañarlo:
> Comer mucho más rápido de lo normal.
> Comer hasta sentirse desagradablemente lleno.
> Comer grandes cantidades de alimentos cuando no se siente hambre físicamente.

> Comer solo debido a la vergüenza que se siente por la cantidad que se ingiere.
> Sentirse a disgusto con uno mismo, deprimido o muy avergonzado, a posteriori.

Consideramos especialmente importante la pérdida de control, la desconexión y la culpa que suelen acompañar a estos episodios, pero ¿y la cantidad de comida? Distinguimos entre atracón subjetivo y objetivo dependiendo de la cantidad real de comida ingerida, siendo atracón objetivo aquel que está compuesto por una cantidad de comida que cumpla las características de la definición de la DSM-5, los atracones subjetivos suelen estar presentes en los trastornos de la conducta alimentaria como anorexia o bulimia. Cuando hablamos de atracones como componente de un trastorno de atracón encontramos algunas diferencias con los atracones presentes en bulimia, tal como puedes ver en la siguiente tabla.

TRASTORNO DE ATRACÓN O DE ATRACONES	BULIMIA
Disfrute de la comida en general	
Más largos y picoteo constante	Mayor rutina durante el día
Inicio y finales más difusos	Límites más marcados
Episodios de sobreingesta fuera de los atracones	No episodios de sobreingesta fuera de los atracones
Suele venir acompañado de sobrepeso y/u obesidad	

Cuadro adaptado de Perpiñá (2015).

También es importante preguntarse si siempre que se presentan atracones nos encontramos ante una patología. La respuesta es NO. Para cumplir el diagnóstico de "trastorno de atracones" hay una serie de criterios específicos y de temporalidad que se deben cumplir, según la DSM-5. Concretamente, hemos visto algunos de ellos al comienzo del apartado y se le suman los nuevos criterios de temporalidad: al menos una vez a la semana durante 3 meses (en la DSM-IV se proponía un criterio de 6 meses de duración). Por otro lado, la presencia de atracones suele acompañar a distintas entidades diagnósticas como pueden ser la bulimia o el síndrome del comedor nocturno.

Sin embargo, es habitual encontrar personas que, sin llegar a cumplir dichos criterios, presentan periodos de atracones o de ingesta compulsiva o atracones puntuales con una temporalidad mucho menor o incluso periodos sin presencia de estos episodios. El malestar psicológico y las emociones asociadas son igualmente importantes en estos casos. Los criterios nos ayudan a delimitar una entidad diagnóstica, pero ya sabemos que las etiquetas no siempre son una buena opción pudiendo resultar a veces perjudiciales. Buscamos una manera de nombrar lo que nos ocurre para sentirnos ubicados, y te invitamos a utilizar una forma sencilla de describirlo: relación alterada con la alimentación. Esto no corresponde a un nombre que te defina ni delimite tu actuación con la comida, simplemente se trata de comprender qué te ocurre habitualmente y trabajar tanto a nivel personal como de recursos de afrontamiento para que dejes de sentir que la comida te controla, en vez de gestionarte con ella.

Son tres los aspectos psicológicos asociados a estos patrones de ingesta los que consideramos más importantes:

> **Sensación de desconexión**: "Siento que es la única forma de olvidarme del día, como un ritual. No soy consciente de lo que está ocurriendo hasta que no logro parar y veo todos los paquetes que me he comido". No nos referimos a que no exista consciencia o recuerdo de la ingesta (lo cual específicamente se considera un criterio a cumplir para el diagnóstico de comedor nocturno); sino que durante la ingesta se pierde la conexión de lo que se está haciendo, es decir, del acto de comer en dicho instante.

> **Culpabilidad**: "Cuando termino siento que he vuelto a fallarme, escondo todo y me prometo que no volverá a ocurrir más". Estos

pensamientos hacen que uno se vuelva mucho más estricto, poniéndose objetivos muy exigentes que son difíciles de alcanzar. Por tanto, la sensación de culpabilidad aumenta y eso afecta a la relación con uno mismo (autoestima) y, si la comida es nuestro recurso, se aumentará su ingesta.

> **Pérdida de control**: "Yo no quiero hacerlo, y me repito a lo largo de todo el día que no lo haré, pero no puedo evitarlo". Al igual que en el ejemplo anterior, las autoafirmaciones que realizamos son demasiado exigentes, siendo muy fácil que las transgredamos, comenzando de nuevo la pérdida de control.

¿Y qué ocurre cuando la cantidad de comida no es un factor determinante? Por ejemplo, cuando nos pasamos todo el día visitando el frigorífico, aunque no lo consideremos un atracón.

Llegados a este punto, es el momento de diferenciar entre lo que se llama comer compulsivo y comer impulsivo. La gran diferencia radica en lo que acontece antes de la ingesta. Si con la ingesta reflexionamos o buscamos "aliviar" o gestionar un pensamiento, preocupación o emoción previa, estaríamos hablando de comer compulsivo. Si la ingesta no viene unida a ello de esta forma, estaríamos hablando de comer impulsivo. En este segundo caso, no hay una deliberación previa detallada y es mucho más complicado de frenar. No sería una opción adecuada trabajar con el reconocimiento y reflexión de pensamientos previos si nos encontramos ante un caso de este tipo, siendo más recomendable comenzar por un control de estímulos que podamos retirar poco a poco mientras exploramos las características del impulso.

Volviendo a las situaciones en las cuales la cantidad de comida no es un factor determinante, este patrón está relacionado específicamente con las personas que presentan obesidad y te sorprendería si señalamos que las características asociadas son similares a las que te hemos indicado que se relacionan con un atracón. Lo que comúnmente llamamos "picoteo" llevado a un punto constante durante el día: "Llego a casa y lo primero que hago es picar algo de la nevera", "Mientras cocino voy picoteando, sin apenas darme cuenta, hasta que casi he realizado una comida completa". Todos estos ejemplos nos llevan a los tres aspectos psicológicos de los que hemos hablado anteriormente: sensación de desconexión, culpa y pérdida de control.

Es decir, lo más importante no es cómo sea tu relación alterada con la comida específicamente, lo importante es cómo la estás viviendo y, por lo general, se vive de forma similar en ambas situaciones, aunque la intensidad del malestar pueda diferir.

La realidad de todas estas tesituras es que la persona sufre por ellas. Se produce una lucha interminable de intento de control, una sensación de vacío, agotamiento físico y mental cuando se lleva años luchando contra esto. Puede que se haya pasado por historias dietéticas de más de 15 años (entre las impuestas desde el exterior y las autoimpuestas), cada dieta fracasada suma frustraciones a nuestra mochila emocional y junto con las frustraciones aparecen las creencias limitantes, el daño a nuestra autoestima y la indefensión aprendida. Por ese motivo, explorar toda la mochila emocional que traemos con nosotros, así como comprender y escuchar nuestras sensaciones son dos pasos que nos ayudarán a mejorar nuestra relación con la comida.

4.3. Comedor nocturno

Simplemente con la lectura del epígrafe podemos imaginar el tema que vamos a tratar a continuación. No excederemos en las características clínicas de este síndrome, pero es importante señalar algunas de ellas para conocer de qué estamos hablando y la diferencia con los términos anteriores. Comencemos por delimitar el llamado "Síndrome del comedor nocturno", ubicado en la DSM-5 dentro de "Otro trastorno de la conducta alimentaria específico".

Las características clínicas que se asocian al síndrome del comedor nocturno podemos ojearlas en la propia DSM-5, destacando un incremento de la ingesta que ocurre principalmente por la noche (posteriormente a haber realizado la cena habitual o en despertares nocturnos). Además, es frecuente encontrar desorganización (saltarse algunas comidas, principalmente el desayuno) así como un gran interés por opciones saludables elegidas durante el día, optando por opciones que podrían ser un buen ejemplo de una comida sana e intentando evitar la tipología de alimentos que se ingieren durante la ingesta nocturna.

Los problemas del sueño, como señala Luis Jiménez en su libro El Cerebro Obeso (2014), están presentes en numerosas psicopatologías, pero, además, se ha relacionado la falta de sueño con el sobrepeso y la dificultad en la pérdida de peso mientras se realiza una dieta hipocalórica. En este sentido, se ha visto que cuando hay una deprivación del sueño (dormir poco o con un descanso de mala calidad) se alteran varios sistemas, entre ellos el ritmo circadiano, el sistema endocannabinoide y el sistema de regulación del hambre y la saciedad. En estudios realizados en sujetos sometidos a privación del sueño durante varios días se ha observado que se produce un incremento en la sensación de hambre, lo que conduce a la elección de porciones más grandes (llegando a consumir hasta el doble de cantidad de grasas), a la elección de alimentos más calóricos, a una mayor impulsividad y a una tendencia hacia el placer por comer. Es decir, no solo aumenta la ingesta, sino que se producen cambios en aspectos hedónicos relacionados con la comida.

En personas que trabajan por la noche o bien que duermen pocas horas, se ha observado que el 65% de la ingesta total del día tiene lugar por la noche, en contraposición a la de personas que descansan bien, en las que el 75% de la ingesta se produce durante el día. Por tanto, la falta de sueño altera el ritmo de vigilia/sueño (alteración de genes reloj), aumentando el cortisol (asociado al estrés), modificando la liberación de leptina y grelina (favoreciendo la sensación de hambre), disminuyendo la sensibilidad a la insulina (lo que promueve diabetes) e incluso empeorando el perfil lipídico y aumentando la mortalidad por enfermedad cardíaca. Todos estos mecanismos neurofisiológicos de la ruptura del ciclo del sueño pueden hacer que se tenga una mayor sensación de hambre real por las noches, hecho muy común en comedores nocturnos, pues ciertamente se están liberando hormonas asociadas a esta sensación.

Las alteraciones relacionadas con la conciliación y con la calidad del sueño son especialmente recurrentes en este síndrome, planteándose en numerosos estudios la alteración de los ritmos circadianos que acompaña a esta patología.

Desde el punto de vista psicológico se recomienda complementar la terapia cognitivo-conductual de referencia en estos casos, con técnicas de relajación muscular progresiva y respiración diafragmática que pueda ayudar a reducir la ansiedad asociada a las dificultades del sueño. Recordemos que siempre debemos adaptar nuestros tratamientos a los pacientes, siendo flexibles con las técnicas de relajación elegidas por ellos.

Las creencias asociadas a este síndrome alteran el estado de ánimo de la persona que los sufre. La frustración generada cada noche viene acompañada del pensamiento "mañana es un nuevo día y podré lograr resistirme" aumentando el ciclo restricción-descontrol del que hablaremos más adelante. Por otro lado, la creencia "Si no como no lograré dormir" ha sido estudiada por Vinai et al (2014), centrándose especialmente en población con obesidad e ingesta nocturna y señalando la importancia de dicha creencia en la presencia de esta alteración.

¿Es importante tener en cuenta estas características y sintomatologías en el trabajo psiconutricional? Por supuesto. Por un lado, desde el punto de vista psicológico es necesario establecer un adecuado diagnóstico diferencial donde poder delimitar las características de la sintomatología que padece la persona que acude a consulta, siendo necesario realizar un adecuado registro conductual donde podamos recoger los pensamientos asociados, las características de los atracones y las emociones que los acompañan. Es frecuente comer a escondidas en estos casos y sentir una fuerte vergüenza por la conducta que se está teniendo, siendo necesario establecer un adecuado vínculo terapéutico donde reforzar la confianza y especialmente el sentimiento de "no ser juzgado".

Desde el punto de vista nutricional, se recomienda explorar y centrar nuestro trabajo en la organización de las comidas. Así, una adecuada planificación de las comidas, horarios, cantidades y tipos de alimentos que mantengan unos niveles de saciedad óptimos durante el día, pueden ayudar a prevenir el despertar nocturno. Como hemos comentado anteriormente, es habitual saltar y desorganizar el orden de comidas durante el día por las ingestas realizadas durante la noche, formándose un círculo de compensaciones que a su vez alteran las sensaciones de hambre y saciedad. Por ese motivo son dos aspectos los que hay que tener en cuenta principalmente a la hora de trabajar:

> ¿Se altera el patrón de comidas con la presencia de la ingesta nocturna?

> ¿Qué elecciones se realizan en los momentos de ingesta diurna a diferencia de las que se realizan en la ingesta nocturna?

Para resolver ambas cuestiones recomendamos la realización de un registro que podemos acompañar con el registro emocional y de calidad del sueño para trabajar ambos aspectos: nutricional y psicológico.

Una buena manera de comenzar a explorar este aspecto es abrirte a observar tu rutina alimentaria; no es necesario que registres para comenzar, basta con observar cómo cambian las ingestas a lo largo del día, qué elecciones se realizan y qué emociones las acompañan. Por otro lado, resulta interesante comprobar cómo son las cenas y si habitualmente se sienten esas ganas de "picoteo" post cena, en cuyo caso debemos preguntarnos qué tipo de hambre está presente en este momento. Recuerda, la mente reflexiva y abierta a la exploración es la mejor herramienta que podemos tener en este momento.

Por último, queremos abordar un tema muy recurrente en la consulta: el de la mayor ingesta, principalmente emocional, que tiene lugar sobre todo por las tardes. Esto se debe a dos motivos. Por un lado, los niveles de estrés acumulado durante el día se incrementan significativamente por la tarde, induciendo un aumento en la liberación de grelina (es decir, induciendo más hambre). Por otro lado, a esta hora los niveles de serotonina disminuyen (la serotonina se asocia a la sensación de bienestar), lo cual puede llevar a tener comportamientos más compulsivos o impulsivos a la hora de comer y elegir el tipo de alimento que se ingiere.

4.4. Imagen corporal y autopercepción

Cada uno de nosotros dispone en su cabeza de una imagen corporal propia. Nuestra representación del cuerpo se ve alterada por lo que se denomina "distorsión de la imagen corporal" cuando hablamos de Trastornos de la Conducta Alimentaria.

Menos común es hablar de la necesidad de trabajar la imagen corporal y la autopercepción, aunque no exista dicha distorsión. Sin embargo, algunos autores señalan cómo la percepción de nuestro cuerpo y las emociones asociadas al mismo pueden influir en nuestra forma de alimentarnos, concretamente relacionándolo con una forma alterada de alimentación.

En obesidad o personas en normopeso que presentan una relación alterada con la alimentación, es habitual encontrar verbalizaciones negativas hacia el propio cuerpo, acciones de rechazo, vergüenza, y una incansable frustración por no tener la figura deseada. Es labor de los profesionales y las profesionales de la psicología el trabajo hacia la aceptación, el cariño y el autocuidado. Sí, hemos dicho aceptación, y si te encuentras en este proceso probablemente por tu cabeza haya pasado la frase: "Yo no me quiero aceptar, yo quiero tener una figura distinta". ¡No son actos incompatibles! Nos basamos en el autocuidado: si quieres mejorar tu figura, te animamos a hacerlo desde el cariño; si lo hacemos desde el rechazo, desde el odio al cuerpo, estaremos constantemente frustrados/as, sin lograr sentirnos bien en el proceso y probablemente cansándonos y tirando la toalla, provocando aún más pensamientos críticos. Te recomendamos trabajar hacia una percepción real de la figura, hacia una aceptación y hacia la comprensión de los cambios que ha sufrido el cuerpo, el ciclo vital correspondiente, y el autocuidado en pequeños pasos.

¿Se relaciona nuestra imagen corporal con nuestra autoestima? Claro que sí. La percepción de nuestro cuerpo forma parte de la autodefinición que damos de nosotros mismos y, por tanto, forma parte de nuestra autoestima. Podemos considerar la autoestima como una línea en la que nos podemos mover hacia arriba o hacia abajo según nuestro estado emocional en cada momento, en el cual nos manejamos y valoramos nuestro ser. Es decir, comúnmente hablamos de alta o baja autoestima, sin embargo, todos pasamos por ese continuo con pequeñas variaciones o variaciones más intensas a lo largo de nuestra vida.

La autoestima y el autoconcepto se relacionan con varios aspectos: nuestros puntos fuertes, el reconocimiento de nuestros puntos débiles, nuestro sentimiento de capacidad y de autocuidado, ser asertivo con los demás y con nosotros mismos y, por supuesto, con las verbalizaciones que nos dedicamos a lo largo de nuestra vida. Si nos topamos con el pensamiento "Soy una gorda que no vale para nada" encontraremos limitaciones para avanzar. Necesitaremos trabajar desde dentro, desde el lenguaje con nosotros mismos y nuestro valor como persona para poder comenzar un tratamiento adecuado. No se trata de considerarte una sirena, sino de realizar una verbalización más realista contigo misma: ¿de verdad no has realizado nada productivo para ti ni para los demás en el último tiempo? Estamos seguras de que hay algo que se te está escapando de las manos, y sí, puedes estar gorda, pero esa segunda parte de la frase ("no valgo para nada") estigmatiza y daña la autoestima.

El problema es que solemos necesitar grandes actos para considerarnos valorados. Las comparaciones, las exigencias sociales y los ritmos de vida hacen que las pequeñas cosas pierdan valor, y el concepto de autoestima se daña en este aspecto. Quizás hoy te has levantado y has logrado ir al trabajo a pesar de que ayer tuviste un día horrible y querías quedarte en la cama: ¡te has cuidado! O, por el contrario, ayer te permitiste decir NO a esa persona que tanto te exigía y con la que siempre entrabas en el juego. ¡Te has cuidado también! Aunque después te sintieras culpable, aunque no fueras lo más asertivo que pudieras ser, pero son conductas de autocuidado y son sinónimo de autoestima. Continuando con el primer ejemplo: ¿y si no he logrado levantarme de la cama? En este caso, buscar ayuda es uno de los pasos de autocuidado más importantes y menos valorados, sin embargo, el simple hecho de pedir ayuda y comenzar a visitar a profesionales correspondientes es un acto de valentía y de autocuidado.

Por tanto, en psiconutrición, la autoestima está presente desde el momento que se comienza un tratamiento. Todo el proceso de cuidar nuestra alimentación, tratar con respeto nuestro cuerpo dejando de centralizarnos en el peso numérico, escuchar nuestras sensaciones de hambre y saciedad, gestionar y comprender nuestras emociones, etc., es sinónimo de autoestima y no al final del camino.

Un aliado en todo este tratamiento psiconutricional es el espejo. Desde la consulta de psicología hasta los espejos de casa, el espejo es una herramienta que recomendamos usar para el trabajo con la imagen corporal y las verbalizaciones. Siempre de la mano de profesionales adecuados, y respetando los tiempos que cada persona necesita para enfrentarse, por fin, a su verdadera imagen. Otros recursos que pueden ayudarnos son: imágenes propias o de comparaciones, dibujos, cintas métricas o percepción ideal y real, entre otras. Numerosas actividades que se alejan de focalizar el peso en un número y nos acercan a todos esos otros componentes emocionales que están presentes en nuestra imagen corporal.

Veamos un poco cómo podría usar un profesional de la psicología algunos de estos recursos:

✓ Exposición en el espejo: se trata de una exposición gradual al espejo, así como de las emociones asociadas (tanto positivas como negativas), verbalizaciones y percepción. Es recomendable comenzar en la propia consulta para observar el grado de preparación que pueda tener la persona a la hora de pasar a realizar esta actividad en casa. Y si quieres comenzar, lo básico sería aprender a mirarnos. Puede ser vestidos, o si estamos listos, podemos hacerlo con menos ropa, lo importante es mirarnos, escuchar lo que nuestra mente nos dice sobre nuestro cuerpo, reflexionar sobre la objetividad o no de dichos pensamientos y comprender qué nos ha llevado al punto en el cual nos encontramos. Sin dañarnos, sin enjuiciarnos demasiado. Algo fácil de escribir, pero difícil de realizar.

✓ Uso de fotografías propias de diferentes años de vida para poder realizar un ciclo vital de la imagen corporal. Se trataría de hacer una línea donde podamos ver cómo ha ido evolucionando la figura y asociarla a emociones o recuerdos que hemos tenido con cada fotografía.

✓ Uso de fotografías comparativas de revistas, o personas conocidas para trabajar el cuerpo ideal y real, las metas y objetivos, y la aceptación de la figura corporal.

✓ Evaluación gráfica de la imagen corporal a través del uso de materiales como lápices, pinturas, recortes, o todo aquello que nos permita un trabajo que se aleje de lo verbal y nos permita conectar con la emoción desde un lugar distinto.

Recordamos que todas estas actividades que implican mirar dentro y removernos emocionalmente debe realizarlas una profesional o un profesional de la psicología que pueda ayudarnos y servirnos de apoyo en nuestro camino.

4.5. Alimentos prohibidos y permitidos: mejor no.

Si prohíbo no me enfrento. Digamos que de esta forma podemos resumir todo lo que vamos a compartir contigo en las siguientes líneas.

Hablamos de alimentos prohibidos cuando, basándonos en un control externo (impuesto desde fuera), dejamos de consumir ciertos alimentos o productos sin conocer, comprender o interiorizar los motivos por los cuales lo hacemos. ¿Te suena? Probablemente sí, ya que es la forma de trabajo de numerosos patrones dietéticos. Sin embargo, en la actualidad son muchos los autores que han relacionado esta prohibición –impuesta desde fuera o autoimpuesta (pero basada en las presiones sociales y aprendizajes de mitos y miedos)–, con un incremento del deseo por dichos alimentos prohibidos. Nuestro cerebro trabaja con una interpretación visual de los pensamientos. Es decir, si piensas en un vaso de agua, tu cerebro visualiza un vaso de agua. Con la palabra NO, utilizada para prohibir, resulta imposible una representación gráfica, de tal modo que si nos decimos "no puedo beber agua", la imagen cerebral en la que se traduce esta frase es también un vaso de agua. Por tanto, es probable que bebas, pues no se procesa la palabra NO.

Por otro lado, la restricción dietética se ha implicado como un factor de riesgo en el desarrollo de la obesidad, los atracones y los trastornos alimenticios clínicamente diagnosticables como la bulimia nerviosa (Stice et al, 2002) o, como señalan Saraçli et al (2016), en pacientes con síndrome del comedor nocturno, en los que la restricción dietética era uno de los factores que se encontraban frecuentemente presentes. El estudio de Verzijl et al (2018) nos habla de cómo la restricción activa el deseo de los alimentos. En la práctica clínica en consulta es habitual encontrar una relación directamente proporcional entre un mayor peso y un número más elevado de dietas realizadas, siendo necesario llevar a cabo una historia dietética completa para conocer los tratamientos por los cuales ha pasado la persona.

Si te das cuenta, hacemos referencia a la palabra dieta entendida como proceso dietético estricto y restringido. Aunque consideramos importante trabajar la redefinición de estos conceptos, como veremos en el capítulo 5.1, no podemos olvidar lo que comúnmente asociamos a dicha palabra. En consulta trabajamos este aspecto, y las palabras que nuestros pacientes asociaban a "dieta" consistían en: estricto, deprimente, fuerza de voluntad, prohibir, rechazo, cansancio, fracaso, etc., siendo necesario redefinir el concepto para tener un lenguaje común en consulta y que todos entendiéramos el mismo significado de "dieta".

Continuando con el concepto de restricción, cuando hacemos referencia a la restricción alimentaria o prohibición de alimentos, no es solo la restricción conductual, es decir, no nos referimos de forma exclusiva a no ingerir y evitar esos alimentos o productos. Parte de los componentes de la restricción también son los pensamientos constantes sobre "no voy a comer este producto", "hoy solo lechuga", "es el último trozo de chocolate que comeré". Nuestros pensamientos influyen en nuestras elecciones alimentarias y también en nuestras acciones. Habitualmente no reflexionamos sobre lo que pasa por nuestra cabeza cuando nos alimentamos y nos gustaría invitarte a realizar esta reflexión y prestar atención (sin juicio) a cómo tus pensamientos responden a tu relación con la comida.

⊁⊁⊁ ─────────── ACTIVIDAD ─────────── ⊰⊰⊰

Pensamiento	Efecto sobre la comida
_____	_____
_____	_____
_____	_____

Decir NO a la prohibición de alimentos no implica comer sin control. Tal vez sea la sensación que se siente al escuchar el rotundo NO a los alimentos prohibidos, sin embargo, es mucho más complicado que formular esa afirmación tan sencilla. "Permitirnos" implica trabajar hacia lograr:

1. Gestionar la cantidad de alimentos, previniendo un abuso.
2. Diferenciar los tipos de hambre que influyen en nuestra ingesta.
3. Aprender a sentir e identificar las sensaciones de saciedad.
4. Conocer y aprender diferentes opciones saludables con las que tomar dichos alimentos.

Para poder entenderlo mejor quizás deberíamos comenzar por diferenciar entre control interno y externo.

Cuando acudimos a un plan dietético no individualizado –que

supone unas pautas impuestas sin aprendizaje–, o bien cuando la decisión de perder peso viene impuesta por el médico, por ejemplo, estaríamos hablando de un control externo. En este caso comenzamos a sentir la necesidad de acudir a la consulta a modo de "examen" para ser evaluado sobre si hemos cumplido las normas establecidas, y sentirnos satisfechos. Sin embargo, en ese proceso, la motivación es principalmente extrínseca y no podemos pretender que se mantenga a largo plazo o que la persona simplemente sea capaz de interiorizar el tratamiento como parte de ella. Para poder lograr una motivación intrínseca es adecuado trabajar fomentando el control interno.

Sin embargo, no podemos olvidar recalcar y realizar un trabajo psicológico con los demás factores que están influyendo o han influido en la situación actual. Si reforzamos de forma exclusiva el control interno, podemos caer en el peligro de considerar única responsable a la persona como tal, olvidando que socialmente estamos influidos por nuestro contexto y el exterior, y aunque seamos responsables activos de nuestros actos debemos ser conscientes de que otros factores ejercen influencia sobre nosotros para evitar quedar atrapados por los sentimientos de culpa e hiperresponsabilidad.

Se trataría, entonces, de EMPODERAR. Veamos esto de un modo más sencillo: supongamos que no puedes evitar encontrarte con productos no saludables en almuerzos, cenas, supermercados y a veces hasta en mercados. En este caso, aprender a gestionarte con ellos, trabajar el comer consciente, conocer sus ingredientes y saber leer las etiquetas son algunas de las semillas que harían crecer tu motivación intrínseca, implicando una autogestión basada en la comprensión y el respeto hacia tu cuerpo y tus necesidades.

Si prohibimos alimentos o productos sin tener en cuenta estos factores, estaremos fomentando un círculo vicioso de pensamientos y exigencias que aumentará el malestar con nosotros mismos. La culpa comenzará a jugar malas pasadas y el sentimiento de todo o nada estará presente en cada supuesto error cometido: "Ya de perdidos al río", "Ya he destrozado el día, total qué más da", "Para una vez que puedo comerlo…".

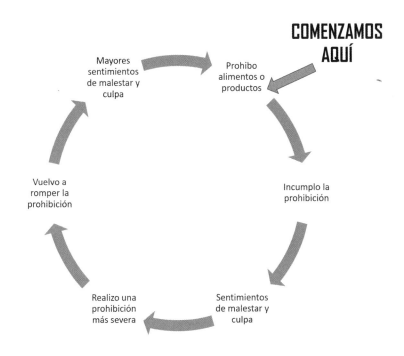

Por supuesto, lograr todo esto lleva consigo una intervención psicológica necesaria que tendría que realizar un profesional de la psicología acompañado de una labor de educación alimentaria que realizaría un profesional de la dietética y nutrición (es decir, un trabajo de psiconutrición).

Casos excepcionales se considerarían cuando nos encontramos con intolerancias, alergias o distintas patologías que hacen necesaria la prohibición de determinados alimentos y productos. En estos casos, la prohibición viene determinada por la salud y es extrínseca (es decir, no se la impone la persona sino la enfermedad), por lo que es fundamental un trabajo a nivel nutricional que permita el seguimiento de las pautas dietéticas sin afectar aspectos emocionales asociados a pensamientos de prohibición. Las estrategias que se deben utilizar en este caso, además de una educación alimentaria que permita el conocimiento adecuado de los alimentos que se pueden o no comer, se basan en la adaptación progresiva a los cambios, en caso de que se pueda, en la búsqueda de los alimentos y dosis que no son toleradas (cuando hablamos de intolerancias), y en las alternativas culinarias y sociales que permitan seguir llevando un estilo de vida similar al anterior del debut de la enfermedad.

Por otro lado, el trabajo con la motivación o control se basaría en unos principios distintos donde nos centraríamos en aceptar la situación actual, en trabajar el control de estímulos, la gestión social o las habilidades sociales. Al fin y al cabo, toda una serie de estrategias psicológicas similares a las que se trabajarían en un caso de ingesta emocional y/u obesidad, pero partiendo desde una base distinta: la prohibición es inevitable médicamente.

De todos estos factores que estamos nombrando que trabajaríamos psicológica y nutricionalmente, la aceptación es uno de los más importantes en el caso de las prohibiciones asociadas a patologías. Aceptar la situación en la cual la persona se encuentra y comprender las limitaciones que implica, le ayudará a adaptarse y flexibilizar sin caer en pensamientos rumiativos que le impidan progresar. El trabajo con la aceptación situacional estará compuesto por las emociones asociadas, la rabia ante el diagnóstico, la reorganización a nivel de alimentación, y la readaptación social entre otros.

4.6. Alteración alimentaria y obesidad

La relación entre la obesidad y los trastornos de la conducta alimentaria no es algo que debamos obviar. Es común encontrar personas con sobrepeso u obesidad que han realizado numerosas dietas restrictivas y que, por el déficit energético que generan, terminan desarrollando un trastorno de la conducta alimentaria a largo plazo. Del mismo modo, ciertos tipos de trastornos alimentarios pueden desencadenar, bien con el tiempo (bulimia o trastorno de atracón) o como consecuencia tras superar la enfermedad, en un exceso de peso. Muchos de estos efectos están relacionados con una alteración en los mecanismos fisiológicos de las señales de hambre y saciedad que se ven afectados con las variaciones en el peso, en la ingesta de alimentos, o en el estrés, como hemos visto. Además, todas estas alteraciones del comportamiento alimentario tienen factores de riesgo comunes, y es más fácil de lo que parece pasar de una a la otra, pues tienen una conexión bidireccional.

OBESIDAD  TCA

Hasta ahora hemos hablado de atracones y de síndrome de la ingesta nocturna como categorías que encontrábamos dentro de la DSM-5. ¿Y qué ocurre con la obesidad?

La obesidad a nivel de salud mental no se considera una patología que se encuentre incluida en la DSM-5, lo cual no significa que no encontremos variables psicológicas asociadas a tener en cuenta en un tratamiento psiconutricional. "No cabe duda de que la obesidad no es ajena a la psicopatología alimentaria", nos señala Perpiñá (2015) y reconoce la importancia de tener en cuenta la obesidad cuando hacemos referencia a alteraciones alimentarias, ya que le influyen las restricciones, las sobreingestas y las creencias y valoraciones que hacemos de nuestra imagen corporal.

El recorrido sobre las variables que influyen en una persona que padece obesidad lo comenzaremos a nivel social, con el estigma asociado. Hablar de obesidad está cargado de ellos: comer mucho, comer mal, no poder hacer deporte, no moverse, etc. Todos estos comentarios y asociaciones mantenidas en el tiempo pueden afectar al autoconcepto de la persona influyendo en la definición de ella misma y por supuesto en su autoestima.

Podemos comenzar a nivel psicológico realizando un recorrido sobre los comentarios que se reciben a lo largo de la vida en referencia al físico y cómo esto afecta a la imagen corporal y a las emociones. Desmontar las creencias que se elaboran a raíz de todas estas influencias y de nuestras propias características personales (de las que hablaremos más adelante), y trabajarlas si se hubieran convertido en autoverbalizaciones, nos permitirá un primer acercamiento al trabajo a nivel de autoestima.

Si estás leyendo esto y eres profesional de la salud, te animamos a realizar una actividad de introspección: ¿cómo se encuentran tus propias creencias sobre las personas que padecen obesidad? Como señalan Gómez-Pérez et al (2017), los equipos de salud están sometidos a los mismos comentarios y estigmas sobre la obesidad que la población general, y por tanto pueden tener conductas discriminatorias con pacientes obesos, lo que podría tener implicaciones en la intervención y en los resultados esperados en salud.

Una vez revisado nuestro estigma como profesionales o como persona que se encuentra en esta situación, pasamos a valorar qué características presentes en la obesidad se relacionan con una alteración o una inadecuada relación con la comida y por tanto necesitan del trabajo en psiconutrición. En primer lugar, es necesario aclarar que no hay estudios concluyentes que nos delimiten un tipo de personalidad que se relacione frecuentemente con la obesidad, pero sí podemos delimitar algunas características psicológicas que se encuentran frecuentemente. Entre estas características podemos observar una fuerte relación con sintomatología depresiva y ansiosa de forma bidireccional, así como rasgos de impulsividad. Además, la obesidad suele asociarse con la insatisfacción corporal y dificultades en la autoestima (Baile y González, 2013).

¿Podemos encontrar relación entre la obesidad y las alteraciones alimentarias de las que hemos hablado a lo largo de este capítulo? Por supuesto que sí; es más, si nos centramos en el diagnóstico de trastorno de atracones, hay algunos autores que han relacionado la presencia de esta entidad diagnóstica con obesidad, encontrando diferencias en la sintomatología asociada según el caso correspondiente. Es decir, distinguimos entre una persona que padece obesidad sin diagnóstico de TA (trastorno de atracón) y una persona que padece obesidad y cumple criterios de trastorno de atracones de forma paralela. A la hora del tratamiento, las diferencias no son claras, siendo necesario trabajar a nivel psicológico y nutricional aspectos muy similares. Sin embargo, debemos tener en cuenta algunas diferencias que se han encontrado:

OBESIDAD CON TA	OBESIDAD SIN TA
Mayor sintomatología psiquiátrica	
Deterioro funcional y peor calidad de vida	
Mayor preocupación frente al peso, figura e ingesta	
Ingesta alimentaria produce mejora del estado de ánimo Mayor uso emocional de la comida	Ingesta alimentaria produce mejora del estado de ánimo
Las personas que lo padecen señalan: descontrol de la alimentación	Las personas que lo padecen señalan: gran tamaño de las porciones y elevada frecuencia en la ingesta
Autoestima más dañada	
Mayores conflictos cognitivos	
Variables sociodemográficas similares	Variables sociodemográficas similares

Cuadro adaptado de Escandón-Nagel N (2016)

En referencia a la restricción alimentaria, Escandon-Nagel (2018) realizó un estudio comparativo no encontrando diferencias en referencia a la restricción, haciendo hincapié en la asociación de la restricción con el exceso de peso (común en ambos grupos) y no en los atracones específicamente.

Más allá de la relación con una entidad diagnóstica propia, la obesidad se encuentra habitualmente relacionada con patrones de ingesta alterados, ya sea con un comer compulsivo o impulsivo, o con situaciones de ingesta emocional como estrategia de afrontamiento inadecuada y, lo más importante, implica un largo camino a recorrer. Si hablamos de cambio de hábitos en obesidad, esto es algo que no podemos olvidar: el camino es largo.

La frase "prolongado en el tiempo" asusta; incluso nos puede generar una sensación de descontrol, pero podemos trabajar en ello. "Prolongado en el tiempo" no significa que no se realicen cambios y se logren avances hasta pasado un tiempo determinado; significa que debemos ser conscientes de la riqueza de los pequeños pasos y valorar los avances que damos en nuestro camino, ya que buscamos un cambio de hábitos y no un cambio temporal de la rutina. Reforzarnos cada día, visualizar lo positivo que encontramos en nuestro recorrido, y visualizar cómo nos gustaría estar, nos puede servir de gasolina para este camino.

Aquí debemos hacer un pequeño apunte: en dicha visualización no podemos olvidar ser conscientes de los ideales que a veces buscamos y que nos llevan al ciclo frustración-abandono. En una persona que ha realizado numerosas dietas sin resultados satisfactorios y que a su vez lo ha intentado "por su cuenta" otras tantas veces, este ciclo frustración-abandono es especialmente importante. ¿Los motivos? Os dejamos algunos de ellos:

➤ Sentimiento de autoeficacia bajo mínimos: "No voy a ser capaz".
➤ Autoestima dañada, afectando a la relación con la alimentación y con la imagen corporal.
➤ Entorno social agotado: "Ya no sé qué hacer por ella, la he acompañado en numerosas dietas y siempre terminamos igual". (Madre de una chica de 16 años.)
➤ Abandono: "Ya no sé si quiero intentarlo más, quizás lo mejor es abandonarme".

Por tanto, es necesario diseñar una base sólida y firme donde conozcamos el proceso que comenzamos a realizar, las piedras que podemos encontrar en el camino y la opción de encontrarnos piedras con las que no contábamos. De esta forma estaremos "preparados" y no sentiremos que fracasamos, sino que conocemos que es una opción que puede ocurrir (algo similar a lo que veremos cuando pasemos a hablar sobre las recaídas).

Te invitamos a comenzar este proceso anotando las piedras que crees que puedes encontrar en tu camino y tus mejores recursos para afrontarlas.

〉〉〉 ——————— ACTIVIDAD ——————— 〈〈〈

Piedras de mi camino	Recursos para afrontarlas

110

4.7. Creencias limitantes e irracionales

Los mensajes y las llamadas autoverbalizaciones que nos enviamos cada día tienen un efecto en nosotros y en nuestra capacidad de acción. El estigma del que ya hemos hablado afecta al sentimiento de capacidad (autoeficacia) y a la valoración sobre nuestro éxito o fracaso en el tratamiento. Por tanto, estamos rodeados de mensajes externos que convertimos en internos, y que nos hacen limitar nuestros pasos hacia nuestro autocuidado. ¿Cuántas veces has escuchado de ti mismo las siguientes frases o las has escuchado en consulta, si eres profesional?

➤ No voy a poder sola, esta vez necesito ayuda para que me controlen.
➤ Nunca seré capaz de gestionarme normalmente con la comida.
➤ Yo soy así, no tengo remedio.
➤ Todo el mundo piensa que soy gorda y vaga.

Para entender los pensamientos irracionales debemos tener presente a Albert Ellis, quien, a través de la Terapia Racional Emotiva Conductual (TREC), nos acerca a la importancia de nuestros pensamientos a la hora de interpretar nuestras acciones y de ponernos manos a la obra. Por otro lado, Aaron Beck y su terapia cognitiva nos señala la existencia de una serie de pensamientos automáticos que hacen que tengamos las llamadas distorsiones cognitivas (algo así como formas de ver el mundo que hemos construido en nosotros a lo largo de nuestro desarrollo individual) haciendo de nuevo hincapié en la importancia del procesamiento propio sobre lo que está ocurriendo (la acción) y cómo influye en como la vivimos.

Esto nos señala que si percibimos que los pensamientos o creencias que definen nuestras acciones corresponden a pensamientos irracionales o alguno de los esquemas cognitivos que Aaron Beck muestra como más habituales, sería necesaria la intervención de un/a profesional de la psicología para que pueda trabajarlos.

La importancia de tener presente que no se trata de afirmaciones que podamos cambiar con la llamada "fuerza de voluntad", nos ayudará a empatizar con las circunstancias de las personas que pasen por un proceso de cambio de hábitos (en caso de ser profesional), o con tus propias circunstancias (si eres una persona que se encuentra actualmente en este proceso). Como explicábamos en el apartado anterior, esto es especialmente importante para aquellas personas que han pasado numerosas veces por un montón de fracasos a sus espaldas donde probablemente hayan florecido considerables verbalizaciones negativas hacia sí mismas.

Para nada implica hacer ver los puntos positivos del cambio de hábitos olvidando las dificultades. Es igual de dañino crear expectativas inadecuadas que generar la creencia de que será un camino fácil de recorrer. El camino es complicado y necesita de esfuerzo y trabajo a nivel personal para poder ir recorriéndolo y removiendo todos esos aspectos emocionales que se encuentran entrelazados con los conductuales. Reconocer y aceptar este esfuerzo, identificar las posibles piedras que encontraremos en el camino, así como las personas que ejercen poder en nosotros o los contextos que nos hacen pequeñitos y limitan nuestros recursos, es parte del trabajo psicológico que debe acompañar a una terapia nutricional, a psiconutrición.

El estudio de los procesos cognitivos en pacientes obesos con y sin trastorno de atracones, realizado por Escandon-Nagel (2018), señala la importancia de tener en cuenta que, a mayor sintomatología clínica, los dilemas implicativos aumentaban al igual que los conflictos cognitivos. Ambos procesos influyen en la probabilidad de éxito del tratamiento ya que, en dicho estudio, un alto nivel de conflictos hacía referencia a los conflictos que se generan en una persona cuando debe tomar una decisión relacionada con una acción que a su vez puede implicar cambios en la posición de la persona, pudiendo afectar a su sentido de identidad. Si relacionamos esto último con el estigma asociado, y los roles que asumimos a lo largo de nuestras vidas, nos encontramos que "la fuerza de voluntad" pierde valor, siendo necesario el trabajo para ubicar nuevos roles, nuevas autodefiniciones.

Las creencias que pueden limitar nuestro camino y a las que estamos haciendo referencia, forman parte de nuestro recorrido y, por tanto, para comprenderlas es necesario ubicarlas en nuestra historia de vida. Un trabajo que puedes realizar es establecer una línea de vida con todos los puntos importantes en los cuales alguien o algo ha sucedido en relación con la comida y/o tu imagen corporal e identificar si comenzó alguna creencia en ese momento o relacionado con una persona en concreto.

Pongamos un ejemplo: "Recuerdo que de pequeña todo el mundo me hacía referencia a lo grande que era, yo no me veía tan grande, pero era una constante en casa y en la familia: ¡Qué grande está esta niña! Esto hacía que cuando me veía en el espejo me preguntara: ¿de verdad soy tan grande? Cuando tenía que describirme a mí misma me describía como grande, y tantas veces me lo repetí que acabé creyéndolo. Eso me hacía usar la ropa que consideraba que quedaría mejor para mi espalda tan grande, limitando acercarme a otras opciones, o rechazando enseñar mis hombros".

Por tanto, desde aquí te invitamos a realizar una reflexión sobre tus principales creencias que consideras que te limitan y las autoverbalizaciones que más repites en tu día a día. Escribirlas y anotarlas te ayudará a mirarlas de forma distinta y a dar el paso de buscar ayuda para trabajar en ellas.

⊁⊁⊁ ——————— ACTIVIDAD ——————— ⊀⊀⊀

Creencias	Autoverbalizaciones

Capítulo 5
El proceso de cambio:
mirando al futuro

El cambio es una puerta que se abre desde dentro.

Virginia Satir

5.1. Disposición al cambio

En los capítulos anteriores hemos hablado de cómo nuestros pensamientos y emociones tienen un efecto en las elecciones alimentarias que realizamos a lo largo del día y en nuestra forma de ingerir los alimentos, no solo a la hora de comer sino en cualquier momento o situación. En este punto, donde suponemos que ya tienes una idea de cómo funciona nuestro cerebro ante esta relación inadecuada emociones-comida, es el momento de saber si estás dispuesto a cambiar aquello que no te gusta o que está teniendo unas consecuencias negativas para ti.

Para empezar, vamos a hablar de qué significa la disposición al cambio. A lo largo de la vida existen numerosas situaciones que, bien por influencia externa o interna, nos llevan a modificar conductas o planes. Por ejemplo, un cambio de puesto de trabajo que podría suponer desde modificar el horario hasta cambiar el lugar de residencia. Este cambio sin duda conllevaría alteraciones a nivel de organización personal y familiar. Bien, pues existen dos tendencias diferentes en respuesta a los cambios:

a) Tendencia al estado estacionario: esperamos que nada varíe en el tiempo.
b) Tendencia a la transformación: estamos preparados para el cambio.

En el primer caso la adaptación al cambio será más complicada, pues no estamos preparados para ello (es más, ni siquiera esperamos que ocurra nada diferente), siendo sujetos pasivos. En el segundo caso seremos más capaces de adaptarnos, aunque esto no implica que resulte más sencillo ni que la situación se sobrelleve mejor, pues dependerá de factores intrínsecos y extrínsecos. Es más, puede diferir con el tiempo y entre situaciones diferentes. La capacidad que cada uno tiene de adaptarse al cambio va a depender, pues, del grado de tendencia a la transformación y de la actitud con que enfrentemos dicho cambio. A eso se le conoce como disposición al cambio, y no es más que definir cómo de preparados y dispuestos estamos a dar el paso hacia la metamorfosis. En este sentido, y en relación a la actitud, será fundamental que sea positiva; entendiendo como positiva la forma de aceptar tanto aquellas cosas que nos han llevado al punto de tomar la decisión de modificar algo, como las acciones que se deben llevar a cabo para dar el salto. Esa aceptación implica tener muy claro que tendremos que dejar ciertas cosas para avanzar; pero progresar también supone ganar otras cosas que antes no se tenían. Entre las cosas que dejaremos atrás y que posiblemente modificaremos en el proceso de cambio, se encuentran tanto pensamientos, como comportamientos o hábitos. Por ejemplo, en un cambio de alimentación tendremos que dejar ciertos conceptos atrás o modificar las elecciones que realizamos en los sitios a los que íbamos de forma frecuente, pero descubriremos nuevos alimentos que no conocíamos, nos pondremos ropa que hacía tiempo no usábamos, etc. Y, ¿de qué depende la actitud ante el cambio? Allport (1935) define la actitud como "un estado mental o neurológico de predisponer a responder, organizado a través de la experiencia, que pone en acción una influencia direccional o dinámica en el comportamiento". Ese estado mental al que hace referencia Allport no es más que una confluencia de emociones, pensamientos y experiencias previas que van a determinar cómo vamos a actuar ante una situación concreta.

Pongamos un ejemplo: te invitan a comer a casa de tus futuros suegros y la comida no te resulta nada atractiva, aunque no sabes muy bien si te gustará o no. A priori, no tienes muchas esperanzas de disfrutar. Aquí pueden ocurrir varias cosas: a) la emoción y entusiasmo por caer bien pueden generar una actitud aventurera que haga que te lances a probar con altas expectativas de que te gustará; b) los prejuicios o experiencias pasadas o no sentirte cómodo en esta situación pueden hacer que tengas una mayor predisposición al rechazo del plato. Y ten por seguro que tu reacción fisiológica (que te guste más o menos) estará influenciada de manera diferente en función de la actitud con la que te encuentres. Por tanto, en la disposición al cambio es fundamental partir de una buena actitud que permita estar abiertos a nuevas situaciones, aún desconocidas, sin tener prejuicios previos sobre qué ocurrirá en el futuro.

También es importante tener en cuenta que no siempre será un buen momento para cambiar. En numerosas ocasiones nos encontramos pacientes que vienen a consulta queriendo modificar varias áreas de su vida al mismo tiempo: perder peso, dejar de fumar, empezar a hacer deporte, dejar a la pareja, cambiar de trabajo, etc. Ninguno de los ejemplos que te ponemos es sencillo de forma individual, cuanto más, hacerlo a la vez. Algunos estudios apuntan a que el éxito en un proceso de cambio disminuye cuando se realizan más de dos cambios al mismo tiempo, sobre todo si estos implican modificaciones conductuales y un trabajo personal a nivel psicológico. Este hecho se debe a la dificultad que supone cualquier proceso de cambio y al estrés generado al enfrentarse a dos o más cambios al mismo tiempo. Si has decidido separarte de tu pareja, quizá no sea el momento más adecuado para plantearte un objetivo de pérdida de peso, aunque eso no signifique que, a través del trabajo de aceptación y superación de la ruptura, mejores a nivel personal y tu autocuidado se vea afectado positivamente. Es mejor ir poco a poco, dando pasos cortos pero firmes, que te permitan afianzar los nuevos hábitos o la nueva situación de forma progresiva y segura.

En más de una ocasión hemos tenido que proponer a algún paciente esperar un poco más de tiempo a que sea el momento adecuado para comenzar a cambiar sus hábitos de vida (alimentación, emociones, ejercicio) pues hemos considerado, o bien que no se encontraba lo suficientemente motivado, o bien que estaba pasando por un momento que no favorecía un nuevo cambio. No nos engañemos: cambiar de hábitos no es tarea sencilla, y modificar conductas asociadas a la comida (comer emocional, por ejemplo), ¡mucho menos!, por lo que no debemos subestimar este hecho tan fundamental para decidir qué pasos dar.

Te animamos a que, para plantearte si es tu momento de dar el paso hacia el cambio, realices la siguiente actividad.

ᚺ ──────────── *ACTIVIDAD* ──────────── ᚺ

DAR EL PASO	¿Qué dejo atrás?	
	¿Qué me aporta?	
QUEDARME DONDE ESTOY	¿Qué me impide?	
	¿Qué me permite?	

Puede haber cosas positivas y negativas en cualquiera de los recuadros. Trata de ser lo más sincero posible contigo mismo; esto te ayudará a decidir con mayor conocimiento de causa, valorando los pros y contras en cada caso.

Es muy posible que pienses que hay algunas cosas contradictorias. Es cierto: todo proceso de cambio implica dejar cosas atrás, aunque nos gusten, y aceptar otras que quizá no son de nuestro agrado. Ahora sería de mucha ayuda que pudieras valorar la importancia que tiene para ti cada uno de los factores que has anotado en la tabla, de 1 (menor importancia) a 10 (mayor importancia). Con toda esta información, podrás analizar y valorar cuál es tu disposición al cambio real: si estás dispuesto a dejar atrás lo que implica cambiar, en contraposición de lo que te sobrevendrá tras el cambio; o bien si prefieres quedarte como estás, pues en este momento no te compensa la balanza. En cualquier caso, debes tener en cuenta que la decisión la estás tomando hoy, en las circunstancias actuales y con las emociones y pensamientos que tienes ahora. Quizá dentro de un tiempo, lo que has escrito en el cuadro cambie y tu decisión final sea distinta.

Dar este primer paso a querer cambiar algo es casi lo más importante en el camino, pero la tarea no termina aquí. Debemos conocer cómo funciona cualquier proceso de cambio de hábitos, pues implica un nuevo aprendizaje. Según Abraham Maslow, uno de los psicólogos humanistas más influyentes, cualquier proceso de aprendizaje se divide en 4 etapas:

1	INCOMPETENCIA INCONSCIENTE	Aún no sé que hay algo que tengo que cambiar	No sabes comer sano, ni sabes qué significa
2	INCOMPETENCIA CONSCIENTE	Sé que debo cambiar pero no sé cómo hacerlo	No sabes comer sano pero sabes que necesitas aprenderlo
3	COMPETENCIA CONSCIENTE	Sé lo que tengo que cambiar y sé cómo hacerlo	Sabes comer sano pero te cuesta mantenerlo en el tiempo
4	COMPETENCIA INCONSCIENTE	No soy consciente de que sé poner en práctica el cambio realizado	Sabes comer sano y lo haces de forma automática

En la primera etapa, la Incompetencia inconsciente, todavía no sabemos algo (por ejemplo, la identificación de la sensación de saciedad) pero tampoco somos conscientes de que no lo sabemos. Es más, ni siquiera nos lo hemos planteado. Normalmente este desconocimiento se debe a que no necesitamos esta habilidad, pues nunca hemos pensado en que pudiera ser importante y/o necesario identificar, en el ejemplo anterior, si estamos más o menos llenos. Un ejemplo muy básico para entenderlo sería que cuando nacemos no sabemos que necesitamos saber andar, pero al cabo del tiempo nos damos cuenta de que para poder ir de un sitio a otro y ser independientes, tenemos que mover las piernas.

La segunda etapa sería la Incompetencia consciente, es decir, el momento en que nos damos cuenta de que necesitamos adquirir una habilidad o conocimiento concreto, para lo cual buscamos recursos propios para indagar sobre el tema. Por ejemplo, necesito aprender a identificar la saciedad para dejar de comer cuando me sienta lleno y luego no sentirme mal, física y emocionalmente.

Poco después aparece la tercera etapa, Competencia consciente; en la que tenemos que practicar mucho la habilidad que estamos aprendiendo para lo cual debemos poner toda nuestra atención de forma muy consciente. Si estás comiendo, necesitas concentrarte al máximo en tus sensaciones para saber qué nivel de saciedad sientes, y mientras lo haces, al comienzo de tu entrenamiento, sería necesario no distraerte con otras actividades.

En el momento en que ya hemos interiorizado el proceso y lo hemos adquirido, haciéndolo de forma automática, estaríamos en la cuarta y última fase, la Competencia inconsciente. Ya puedes hablar, escuchar o incluso pensar en otra cosa mientras eres capaz de identificar cómo de lleno se encuentra tu estómago.

Bien, pues para cualquier tipo de aprendizaje, sea el que sea, se pasa por todas ellas. ¿Cuál es la más importante? Sin duda, todas lo son, aunque si tuviéramos que destacar una sería la segunda, porque es el momento en que tomas conciencia de que algo va mal y que necesitas poner remedio. Es el primer paso hacia el cambio. Sin él, nada ocurrirá. Por eso siempre decimos que el primer día que un paciente viene a consulta ya ha dado el paso más importante, que es tomar la decisión de cambiar. La etapa tercera es quizá la más larga y la que requiere de más trabajo en equipo, pues es donde se genera el aprendizaje y se sientan las bases del cambio de hábitos. Si esto lo hacemos bien, mantenerlo en el tiempo no será complicado, pues el hábito se habrá instaurado en tu rutina diaria y serás capaz de llevarlo a cabo casi sin pensarlo. Ahí está el punto de inflexión entre algo transitorio (dieta como concepto temporal y de restricción, como veremos más adelante) y duradero (cambio real del estilo de alimentación).

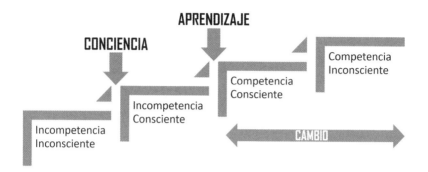

No queremos terminar de hablar de la disposición al cambio sin comentar ciertos aspectos importantes a tener en cuenta en el proceso, y seremos muy sinceras:

1. Es difícil.
2. Requiere un trabajo personal importante.
3. Debemos tener claro que habrá piedras en el camino y que, lejos de ser un impedimento, nos ayudarán a crecer y aprender.
4. La responsabilidad, el compromiso y la motivación son claves.
5. **El éxito no termina en la adquisición del objetivo, sino en el mantenimiento a largo plazo.**

Para terminar este apartado, vamos a hablar de 3 de los componentes básicos necesarios para crear un hábito:

El conocimiento es imprescindible para saber qué tenemos que hacer y por qué. Por ejemplo, es importante saber los motivos por los que es hay que comer de forma saludable: prevenir enfermedades, mejorar la salud física y mental, aportar los nutrientes necesarios para el organismo, etc. La habilidad nos va a permitir llevar a cabo el proceso, es decir, nos dice cómo tenemos que ponerlo en práctica: por ejemplo, cómo planificar las comidas, las proporciones de los alimentos en el plato, etc., y, por último, la motivación, de la que hablaremos ahora, que será la gasolina que nos mueva, es decir, el deseo por cambiar.

5.2. Motivación: la clave del éxito

Según la Real Academia Española, la motivación es la "cosa que anima a una persona a actuar o realizar algo". Podríamos decir que es un estado interno que nos ayuda a orientarnos hacia determinadas metas, siendo el impulso que nos anima a lanzarnos a la acción. Se trata de un principio básico en la conducta, pues nos da las razones para actuar, y que además está relacionado con el estrés, la autoestima y la concentración.

Existen diferentes tipos de motivación:

A. **Extrínseca e intrínseca.** La motivación extrínseca se basa en estímulos externos al sujeto (que suelen ser una recompensa), en lugar de en la satisfacción propia de la acción; por ejemplo, querer perder peso porque te lo ha pedido el médico. Por su parte, la motivación intrínseca es la que tiene la persona y se relaciona con la autorrealización y el crecimiento personal. Se basa en motivos individuales y en el placer al realizar la acción; por ejemplo, querer perder peso para poder jugar con tus hijos.

B. **Positiva y negativa.** La motivación positiva se basa en la obtención de una recompensa positiva, bien sea externa o interna; mientras que la motivación negativa genera la conducta para evitar una consecuencia desagradable (externa, por ejemplo, un castigo; o interna, por ejemplo, un fracaso).

C. **Básica y cotidiana.** En la básica, la motivación viene impuesta por el nivel de compromiso, por lo que está ligada al interés y al trabajo personal. En la motivación cotidiana hay un interés por la actividad diaria, donde se genera una gratificación inmediata posterior a la acción.

D. **Centrada en el ego y centrada en la tarea**. En el primer caso, el grado de motivación depende de los resultados en comparación con otros. En la segunda, el grado de motivación va en función de retos personales y opiniones subjetivas relacionadas con el progreso.

Por otro lado, Rosa López, en su libro "La gestión del tiempo personal y colectivo" nos habla de cinco principios motivacionales que debemos conocer:

- **Predisposición**. Si lo que nos lleva a la acción es algo positivo, mejora la ejecución.
- **Consecuencia**. Si es algo agradable, tenderemos a repetirlo pues encontraremos una recompensa positiva.
- **Repetición**. Si el efecto es positivo, la asociación entre la acción y la consecuencia se ve reforzada, incitando a que se repita la acción.
- **Novedad**. Nos atrae más lo novedoso, por lo que tenderá a motivar más.
- **Vivencia**. Las vivencias agradables ayudan a tener una mayor motivación.

Por tanto, es importante estar predispuesto a obtener resultados positivos tras la acción que decidamos realizar, así como buscar objetivos novedosos que generen sensaciones agradables y efectos positivos. Todo ello nos ayudará a mantener un estado de motivación mayor.

¿Cuál crees que será el tipo de motivación más importante para realizar un cambio de hábitos en salud? Efectivamente: la motivación intrínseca, pues favorece en mayor medida la adherencia al proceso. Si el estímulo que nos lleva a generar un cambio es propio, interno, es mucho más probable que se lleve a cabo. De hecho, las recompensas extrínsecas disminuyen la motivación, ya que se basan en buscar justificaciones; se actúa por el premio, por lo que es fácil abandonar a medio o largo plazo. Diversos estudios apuntan a que la motivación intrínseca aumenta la adherencia en los tratamientos de pérdida de peso, así como en otros abordajes nutricionales como en diabetes, donde un mayor grado de motivación intrínseca se correlaciona con mayor consumo de frutas, verduras y con un estilo de vida más saludable.

Según Reiss (2002), existen 16 deseos básicos que motivan de forma intrínseca nuestras acciones: aceptación, curiosidad, alimento, familia, honor, idealismo, independencia, orden, actividad física, poder, amor, ahorro, contacto social, estatus, tranquilidad, venganza. ¿Te atreves a buscar cuál es el tuyo? Puedes tener más de uno, descúbrelos.

El psicólogo Frederick Herzberg mantenía la teoría de que el nivel de rendimiento personal cambia según el nivel de satisfacción, es decir, que la respuesta ante un factor concreto difiere en función de que la persona se sienta bien o mal. Por tanto, el nivel de motivación puede cambiar con el tiempo, dependiendo de cómo estemos y nos sintamos en cada momento. Y no debemos confundir este hecho con el de no sentirnos motivados. Quizá tu primera motivación para perder peso era poder agacharte para abrocharte los cordones; una vez logrado este objetivo, deberás tener otra motivación para continuar con el proceso pues, de lo contrario, será fácil abandonar. Las motivaciones cambian, aumentan o disminuyen según cómo estemos y las circunstancias que nos rodeen, dejan de estar presentes y aparecen otras nuevas. No importa, todas estas fluctuaciones son normales y debes ser consciente de ello. Lo que importa es que haya una motivación. Por otro lado, también debemos tener en cuenta qué motivaciones tenemos, y si son realistas y alcanzables (hablaremos de los objetivos en el capítulo 7), pues de no serlo (o ser demasiado altas) pueden llevarnos al fracaso y a la culpabilidad. Es a lo que Emilio Duró, empresario, profesor y conferenciante, llama "el tonto motivado".

Y, ¿cómo saber cuál es tu motivación para el cambio? Una vez que hayas definido si estás dispuesto a cambiar, debes hacerte la siguiente pregunta:

"¿PARA QUÉ QUIERO CAMBIAR?" Fíjate bien en el inicio de la pregunta: PARA QUÉ. Trata de responder con un PARA. Tendemos a responder esta pregunta con un PORQUE, cosa que hay que evitar, y te explicamos el motivo.

Por ejemplo, si te preguntamos "¿para qué quieres perder peso?" y nos responses "porque mi pareja está preocupada por mí", estás haciendo referencia a la causa que te ha traído a la consulta a bajar unos kilos. Sin embargo, si tu respuesta es "para poder correr con mi hermano" estás hablando de lo que pretendes conseguir perdiendo peso. En el primer caso, hablamos del pasado y en el segundo, del futuro, del objetivo y de la acción.

Por tanto, para analizar lo que te motiva a cambiar, responde la siguiente pregunta:

ჰჰჰ ———————————— ACTIVIDAD ———————————— ჰჰჰ

¿Para qué quiero _____ (objetivo)?

Para _____.

5.3. Más allá del número en la báscula

Hemos comenzado nuestro camino, nos hemos dado cuenta de que necesitamos cambiar, pero en nuestra cabeza persiste un pensamiento que no deja de asaltarnos: ¿perderé peso?

Antes de comenzar a hablar del peso, vamos a analizar por qué las dietas no funcionan. Los errores más frecuentes que precipitan al fracaso cuando se empieza una dieta son los siguientes:

> No acudir a los profesionales adecuados y dejarnos llevar por la dieta de la vecina que "mira lo bien que se ha quedado", o por cualquier dieta de moda que publicite algún influencer, que en la mayoría de los casos no necesitan perder peso.

> Reducir demasiado la ingesta de alimentos, lo cual nos conducirá a pasar hambre y a hacernos más ahorradores, si cabe.

> Utilizar productos sustitutivos de comidas que no perdurarán para siempre.
> Ponerse excusas para no dar el paso. La más común: "el lunes empiezo". En este sentido, se crea un círculo que genera más ganas por comer.

Me siento fatal (frustración, culpabilidad, incapacidad)

El lunes empiezo

Estoy muy motivada, hoy lechuga y pollo

He quedado para tomar café, por un día que coma un dulce no pasa nada

Ya que me lo he saltado, salimos a cenar a la pizzería

> No estar activos ni practicar actividad física (o no estar pautada por el profesional adecuado para que pueda adaptarse a la pauta dietética y tenga mayor efecto en la oxidación de las grasas). Hacer dieta sentado en un sofá es algo incoherente.
> Tener una motivación baja o no estar dispuestos a cambiar de hábitos.
> Ponerse metas irreales, difíciles de alcanzar o expectativas demasiado altas.
> Tener semanas dicotómicas; de lunes a viernes se lleva la dieta a raja tabla, pero el fin de semana se deja vía libre, pues "también se necesita disfrutar". Esta dualidad dieta-no dieta no solo impide crear un hábito saludable, sino que tiene asociada una serie de conceptos que lejos están de una relación adecuada con la comida.
> Centrarse únicamente en el peso y la alimentación y dejar de lado otros aspectos importantes, como las emociones.

> La palabra dieta en sí misma. Ya hemos hablado de ella en el capítulo 1, pero hemos de recalcar las connotaciones tan negativas que se le ha dado. En este punto, y para poder dar un vuelco a este concepto, debemos transformar todas esas connotaciones en aspectos positivos, pues de lo contrario no será perdurable en el tiempo. Para ello, te dejamos el trabajo que realizamos a veces en consulta o en cursos de formación en relación a esta metamorfosis.

DIETA	CAMBIO DE HÁBITOS
Restricción	Gestión de alimentos
Pasar hambre	Identificar hambre y saciedad
Alimentos que no me gustan	Conocer alimentos nuevos
Sufrimiento	Aprender a disfrutar comiendo *
Ansiedad	Gestión emocional
Rigidez	Flexibilidad
Obligación	Elección
Menor vida social	Aprender a elegir fuera de casa
Prohibición	Equilibrio
Compensar	Saber distribuir las comidas
Temporal	Habitual
Esfuerzo	Esfuerzo y satisfacción por el logro
Objetivo: peso	Composición corporal
Necesita tiempo	Aprender recetas sencillas
Economía (costoso)	Inversión
Frustración	Aceptación, perseverancia, tolerancia, constancia
Aburrimiento	Diversión y variedad
Culpabilidad	Buena relación con la comida

* Nota. Cuando decimos que hay que aprender a disfrutar comiendo, implica aprender a saborear los alimentos y disfrutar de todo el proceso. No es lo mismo que comer para disfrutar, sobre todo cuando el único recurso para el disfrute es comer, como explicamos en el capítulo 3.

Por tanto, antes de comenzar un proceso de pérdida de peso, te animamos a que reflexiones sobre estas palabras y pienses qué es para ti una dieta. Si la respuesta está en el lado izquierdo, trata de pensar en asociar la palabra DIETA hacia la columna de la derecha.

En el apartado 1.4 hablamos sobre el peso y la forma de medirlo; en dicho capítulo pudiste aprender la subjetividad de una medida que parece sencilla pero que olvida una serie de variables (las cuales hemos abordado a lo largo de todo este libro) que influyen en su resultado. Por ese motivo no podemos continuar nuestro camino sin explorar el significado que el peso tendrá en él.

Lo habitual sería orientar el trabajo del dietista-nutricionista en función de nuestros resultados en el peso; pesarnos en consulta o pesarnos en casa casi cada día buscando ese cambio que nos indique que lo estamos haciendo bien. Esa búsqueda de una señal externa nos aleja de mirar dentro de nosotros e investigar sobre otros factores que nos hagan ver si nuestro recorrido está fluyendo favorablemente.

Sabemos lo difícil que puede resultar dejar de prestar atención al número en la báscula. Durante muchos años, los tratamientos y las medidas de salud se han centrado de forma única en esa cifra para valorar los avances en los distintos procesos. Sin embargo, como has visto a lo largo del libro, las variables psicológicas cada vez están cobrando más importancia en este campo, y eso nos hace replantearnos lo adecuado de algunos tratamientos o técnicas habitualmente muy usados. Una de estas técnicas es el "momento peso", siendo algo imprescindible en las consultas anteriormente y convirtiéndose en algo ocasional en la actualidad. Si eres profesional de la nutrición, entendemos que necesites ciertos valores para el estudio de la evolución de la persona que acude a tu consulta. No te preocupes, no se trata de dejar de pesarse para siempre, o de no darle importancia a lo que preocupa al paciente, simplemente se trata de dar al peso la importancia que le corresponde y repartir nuestra atención en otra serie de valores que son importantes para nuestro avance en el proceso. Algunos de estos valores pueden ser: el porcentaje de grasa, el porcentaje de músculo, los perímetros corporales (cintura, cadera, brazo, pierna, etc.), el incremento en el consumo de verduras, la gestión de la saciedad, el aumento de la actividad física, etc.

Por otro lado, si nos encontramos en una situación en la que tenemos una relación alterada con la comida, o con presencia de atracones y/o ingesta compulsiva, nuestro objetivo iría más allá del peso. Si tu objetivo es la regulación de la ingesta emocional, el peso carece de importancia en este sentido. Centrar nuestros pensamientos y acciones en esa cifra numérica te hará adoptar conductas restrictivas buscando la bajada deseada y teniendo como consecuencia la probabilidad de un aumento de la ingesta.

Los pensamientos obsesivos por el peso y la figura nos llevan a la búsqueda del "ideal" (seguro que has oído hablar del "peso ideal", que por cierto no existe), provocando una ruptura de la conexión con el presente; esto nos aleja de nuestro cambio centrando nuestro objetivo en una distancia tan amplia que los refuerzos se ven demasiado lejanos. ¿Qué consecuencias tiene que veamos los refuerzos tan lejanos? Principalmente, pérdida de adherencia en nuestro proceso, lo que significa que, si hemos trabajado la predisposición al cambio y la motivación, de poco nos servirá mientras veamos un camino sin refuerzos positivos hasta lograr ese peso ideal.

Por otro lado, en el capítulo 4 ya hemos visto lo que es la imagen corporal y cómo afecta a la percepción de nuestro cuerpo. La centralización en un peso objetivo nos aleja de la aceptación y de la buena relación con nuestra silueta, acercándonos al rechazo hasta lograr el reflejo ideal.

Parece claro que la idea de: "si me peso me controlo mejor" nos trae pocos beneficios. Es más, en este ejemplo en el que vamos a la consulta a que nos pesen y nos riñan si no hemos conseguido bajar los kilos, estamos dejando gran parte de la responsabilidad a la báscula, y dejamos de lado el control interno (pues el control es el peso, algo externo). Sin embargo, el proceso de pérdida de peso tiene que ser paulatino. Si estás acostumbrado a pesarte a diario, te animamos a realizar un registro de cómo ves tus avances en el cambio de hábitos antes de pesarte:

Antes de pesarme veo que he cambiado	Después de pesarme...
Ejemplo: He comido más verduras esta semana • • •	Me siento mal al no bajar de peso • • •

De esta forma, aunque continúes con la conducta de pesarte a diario, lograrás conectar con la consecuencia que tiene dicha acción, al ver el efecto que puede tener en tus pensamientos. A veces los logros se ven obnubilados por un número que nada tiene que ver con el trabajo que estamos realizando día tras día, y nuestra percepción cambia según lo que veamos en la báscula. En el ejemplo de la tabla, el incremento de verduras pierde valor si nuestro peso no ha bajado y aún más si continuamos pensando que el peso es el único reflejo de nuestro proceso.

Una vez superada la primera semana registrando nuestras emociones en el momento "báscula", pasamos a distanciar el tiempo de pesarnos; por ejemplo, si nos pesábamos todos los días, pasaremos a pesarnos cada dos días o, si nos pesábamos todas las semanas, pasaremos a pesarnos cada dos semanas. Es importante que, el día que no te peses, puedas anotar cómo crees que ha ido la semana; de esta forma, aprenderás poco a poco, a reflexionar sobre tu proceso y a establecer qué cosas crees que podrían mejorar y qué cosas han ido de forma satisfactoria.

Para terminar, te invitamos a mirar tu cuerpo un poco más allá. El peso es un reflejo de muchos factores; la mayor parte de ellos los hemos ido valorando a lo largo de la lectura de este libro. Eso significa que buscar un único "culpable" de nuestro peso y nuestra figura sería injusto e irracional. ¿Y si miramos más allá del número?, para ello te invitamos a reflexionar sobre las siguientes cuestiones:

- ¿Qué significa el peso para mí?
- ¿Qué refleja mi peso?
- ¿Ha sido este mi peso habitual, o ha cambiado a lo largo de la vida?
- ¿Cómo me he sentido y me siento con mi peso?

5.4. Culpabilidad y frustraciones

Culpa. Es una palabra que pesa, pesa en las espaldas de las personas y especialmente en las espaldas de aquellos que padecen una enfermedad cargada de estigma y de juicios críticos, como es la obesidad. Cuando se trata de la relación con la comida, la culpa pesa especialmente. ¿Los motivos?, por un lado, hablamos de conductas en las cuales se cree que la persona simplemente debería "parar de comer", tener "fuerza de voluntad", ponerle "ganas". Estas creencias provocan que, si no se es capaz de lograrlo, una gran carga caiga sobre la espalda de quien lo sufre: "me siento culpable", "me avergüenzo" o "debería de ser capaz" son algunas de las frases que escuchamos de forma habitual en nuestra consulta.

Quizás caemos en la trampa de pensar que solo se asocian a cuando se realiza una ingesta compulsiva, pero la realidad es que las escuchamos en consulta cuando simplemente se come de forma distinta a la supuesta dieta que se debería estar realizando o cuando no se logra mantener una rutina de actividad física. No hacen falta grandes dificultades para que aparezca, simplemente con no cumplir lo que se supone que depende de nosotros, la culpa nos acecha. Repetimos: "se supone", ya que como hemos visto a lo largo de la lectura, son muchas las variables que influyen en la relación con la alimentación, no pudiendo indicar un único efecto causal y por tanto un único responsable.

La culpa suele presentarse cargada de rechazo, remordimientos, y emociones negativas y, además, nos paraliza. Generalmente el sentimiento de culpa se asocia a la ingesta (comer más cantidad, de forma más compulsiva y descontrolada, o no ajustarse a la pauta dietética) y al cuerpo, a nuestra imagen corporal. ¿Recuerdas lo que es la imagen corporal? Para refrescar este término, haremos referencia a la definición realizada por Natalia Seijo (2016): "La imagen que cada persona tiene de sí misma no es innata, sino que depende de la propia experiencia y de la imagen proyectada que es percibida por los demás. Todo lo que *nos han dicho que somos y cómo nos han dicho* que somos se vincula a nuestra imagen".

Nuestra imagen corporal es un fiel reflejo de cómo nos sentimos con nosotros y de las influencias externas y, por tanto, no está libre del peso de la culpa. Trabajar desde la culpa es el modelo que se ha venido llevando durante los años anteriores cuando se buscaba una pérdida de peso: cumplir una bajada determinada y, si no se ha realizado, buscar las cosas que se habían realizado mal para que esto no ocurriera.

En esta situación, la persona acababa siendo la responsable de lo que estaba ocurriendo y poniendo el foco meramente en el cumplimiento de unas normas dietéticas y de actividad concretas. No nos preguntábamos qué podría estar ocurriendo cuando una persona que acude a un profesional para mejorar su salud continuaba teniendo atracones a escondidas; tampoco nos preguntábamos qué ocurría cuando alguien no lograba verse bien por más que su figura y su peso iba cambiando con el cuidado de su alimentación y del deporte. Es algo así como si esa parte interna que todos tenemos se olvidara. Este tipo de tratamientos están siendo sustituidos por tratamientos más humanos, como señala Luis Jiménez (2015): es necesario ponernos unas gafas distintas para comprender la obesidad. Si nos colocamos estas nuevas gafas, cosa que estás realizando si estás leyendo este libro, veremos cómo la culpa (sin ser real) se encuentra rodeando cada paso que se da en un cambio de hábitos y es el objetivo en la mayoría de los tratamientos.

¿Cómo retroalimenta la culpa a la propia conducta problemática? Pongamos una situación de ejemplo para poder comprender y analizar este caso. Imagina la siguiente situación: "como más pan del que creo que debo comer y me siento culpable". Al analizar este ejemplo vemos que, por un lado, no tenemos autorregulación interna: no valoramos cuánta hambre tenemos, qué tipo de hambre se ha despertado en nosotros, cómo han sido nuestras comidas anteriores, etc. Simplemente tenemos en mente un patrón externo sobre el cual cumplir nuestras comidas, y este patrón se refleja en el "debo comer". Comer ese pan es una conducta prohibida y suele venir acompañada de un incremento en la velocidad de la ingesta ("cuanto más rápido me lo como, más rápido pasa el momento de estar haciendo algo malo"). Si profundizamos aún más, vemos que nuestros sentidos (gusto, olfato, tacto) ni siquiera se han enterado de que hemos comido ese pan que tanto ansiábamos, por lo que la satisfacción se encuentra bajo mínimos, aunque nuestro estómago haya recibido el alimento. Esto puede provocar una nueva ingesta de pan buscando esa necesidad insatisfecha. Cuando este ciclo ha terminado, ya sea por sensaciones de saciedad elevadas, por algún estimulo externo, o por tomar conciencia de lo que está ocurriendo, es cuando entra en acción la culpa generando un gran sentimiento de malestar, acompañado de autoverbalizaciones del tipo "ya no lo hago más", "esta noche compenso" o "ya de perdidos al río".

Los dos primeros pensamientos ("ya no lo hago más" o "esta noche compenso") nos llevan a una nueva restricción y autocontrol que hace que comience de nuevo todo el ciclo control-descontrol y el último de ellos ("ya de perdidos al río") nos envía directos al descontrol de larga duración que termina con un sentimiento de culpa mayor y con grandes propósitos de cambios que no son para nada flexibles ni hablan de responsabilidad por la salud.

En el momento en que estos ciclos se repiten durante meses, e incluso años, aparecen grandes frustraciones y sentimientos de fracaso. Te animamos a recordar algunos de los apartados anteriores y retomar los puntos concretos que se relacionan con las emociones en obesidad y/o comer de forma compulsiva, atracones.

¿Recuerdas la falta de gestión emocional? ¿Recuerdas que la comida era un recurso, algo así como una estrategia de afrontamiento? Por tanto, al presentarse esta frustración, ya tenemos un nuevo círculo "vicioso", usando la comida para salir de ella.

¿Dónde podemos comenzar a romper estos círculos? Esta es una respuesta complicada de responder de forma general. El profesional de la psicología, a través de una entrevista en profundidad y del uso de registros conductuales/emocionales, logrará identificar los patrones de respuestas habituales de cada persona de forma individual, pudiendo estudiar y analizar la mejor forma de comenzar a romper esta cadena. Desde el trabajo en nutrición comenzamos por el cambio en el enfoque en consulta, trabajando la educación alimentaria, los mitos asociados a la pérdida de peso, rompiendo el concepto dieta=peso, cambiando el enfoque de la palabra dieta hacia un enfoque más saludable, mejorando la organización y planificación de las comidas, y sobre todo, usando la empatía y la comprensión como herramientas de trabajo.

Pero podemos dar algunos pasitos antes de acudir a profesionales para que nos ayuden; os dejamos algunos puntos para ir trabajando este aspecto:

> Elabora una lista de tus creencias sobre alimentación, dieta, etc., como vimos en el punto anterior.

> Analiza dicha lista con información veraz que puedes obtener de profesionales cualificados para ello.

> Puedes crearte "tarjetas flexibles". ¿En qué consisten estas tarjetas? Elabora unas pequeñas tarjetas donde te des permiso para hacer las cosas de forma distinta, donde puedas fallar y volver a levantarte, por ejemplo. Una vez las tengas, sitúalas en un lugar visible para recordártelo, por ejemplo, el frigorífico (generalmente en un lugar donde suelas estar cuando realizas conductas que asocias con malestar y culpa).

> Te invitamos a escribirte una carta a ti mismo en la que te digas: "Me doy permiso para…", animándote a la flexibilidad, que puedas leer cuando sientas que eres culpable de no realizar un cambio de hábitos perfecto.

> Perdónate. Escríbete una carta perdonándote por las veces que te has sentido responsable absoluto de tus acciones y comprende que ese sentimiento te ha dañado pero que estás dispuesto a actuar de forma distinta esta vez.

Y, ante todo, acude a profesionales que puedan ayudarte en el camino hacia tu cuidado y hacia una mayor comprensión de ti mismo.

5.5. Boicoteo

Llamaremos boicoteo a esas situaciones en las cuales, a pesar de tener en nuestra mente unos objetivos, acabamos realizando las conductas contrarias a dicho objetivo. No usaremos boicoteo como sinónimo de culpa pues, como ya hemos visto, la culpa es algo que te invitamos a analizar y sustituir por "responsabilidad".

El boicoteo nos ayudará a acercarnos a dicha responsabilidad a través del análisis de lo que nos está pasando o está pasando a nuestro alrededor, que nos influye en no poder llevar a cabo esas acciones que creemos que son beneficiosas para nosotros.

Llamaremos "autoboicoteo" o boicoteo individual a cuando la propia persona realiza conductas contrarias a las que podríamos esperar según sus verbalizaciones. La base de los boicoteos radica en los motivos que nos llevan a comenzar un cambio de hábitos y, sobre todo, a todos los aspectos relacionados que hemos estado viendo hasta ahora: culpa, responsabilidad, ganancias y pérdidas, refuerzos, etc.

Todos estos factores influyen en que la persona realice conductas opuestas a las que le gustaría, ocurriendo los llamados "boicoteos", de los cuales podemos no ser plenamente conscientes.

Es más común encontrar boicoteos cuando hablamos de obesidad sin atracones y/o sin comer compulsivo o impulsivo, en cuyos casos la sintomatología asociada es menor y el deterioro funcional igualmente menor. Además, es habitual encontrar estas situaciones de autoboicoteo en personas que quieren cambiar sus hábitos por conductas más saludables, aunque se encuentren en normopeso; suele ocurrir que las ganancias obtenidas por el cambio de hábitos se perciben menores que los esfuerzos necesarios y por tanto, la persona se establece de forma semipermanente en la etapa de contemplación (de la que te hablaremos en el capítulo 6), sin dar paso a la acción definitiva; y si lo da, volviendo a la etapa anterior con los llamados boicoteos.

Veamos las tres situaciones más comunes que hemos observado en la práctica clínica relacionadas con los boicoteos:

La primera de ellas es el MIEDO AL CAMBIO. Es común encontrar miedo al cambio o a las situaciones relacionadas. Aunque se trata de una situación desagradable a nivel de salud y en la mayoría de las ocasiones también a nivel personal, comenzar un cambio de hábitos implica enfrentarse a nuevos retos, nuevos contextos, nuevos comentarios sociales. Por ejemplo, una chica de 19 años que nunca se ha atrevido a conocer a nadie y se refugia en el argumento de "por mi peso a nadie le gustaré" que le hace no acercarse ni sentirse segura de hablar con nadie. Comenzar un cambio a nivel de salud y emocional implica que la opción de abrirse a los demás, así como de poder gustarse y gustar a otros, se vuelve real. Esta situación, a priori positiva, puede presentarse como un gran reto para esta chica, siendo necesario trabajar previamente el componente emocional que supone el mero hecho de "pensar en el cambio" para evitar (en la medida de lo posible) que a lo largo del camino nos encontremos con los llamados "autoboicoteos", promovidos por el miedo ante las consecuencias del cambio. En este caso sería necesario, antes de comenzar a plantearnos un tratamiento nutricional, realizar un trabajo psicológico donde poder explorar la relación con los demás y con ella misma para establecer una base firme que le permita comenzar a cuidarse. Esto puede ocurrirnos a veces, cuando los paralelismos en el tratamiento no pueden establecerse y se hace necesario determinar un orden, considerando ambos profesionales si es el momento adecuado para comenzar una intervención en psiconutrición, o si previamente es necesario un trabajo individual a nivel psicológico o nutricional.

Relacionado con el miedo al cambio, y quizás volviendo a re-tomar las etapas de cambio (de las que hablaremos en el capítulo 6), Jennifer Delgado nos habla en su blog Rincón de psicología de dos zonas: la zona de influencia y la zona de preocupación. La zona de preocupación correspondería al pensamiento constante de "tengo que mejorar mi salud", "me preocupa mi relación con la comida, siempre me ocurre lo mismo", sin ocurrir ningún hecho que nos lleve a la acción, pero aumentando las emociones nega-tivas a través de la preocupación y rumiación asociada. Sin em-bargo, la zona de influencia nos permite entrar en acción; cuanto más grande es la zona de preocupación, menor es la zona de in-fluencia. Según el diagrama usado por esta compañera, se trataría de disminuir la zona de preocupación para aumentar la zona de influencia y aprender a pasar de una a otra de forma consciente, buscando un comportamiento más proactivo. Llevado a la prác-tica a través del ejemplo que estamos usando, sería comenzar a trabajar los diferentes aspectos que se relacionan con el miedo para reducir la preocupación y pasar poco a poco a la acción.

La segunda de las situaciones más comunes que vemos en con-sulta es percibir **MAYORES ESFUERZOS QUE GANANCIAS.** ¿Cuánto esfuerzo supone comenzar a trabajar para cuidarnos por dentro y por fuera? No importa lo sencillo que pueda parecer para los de-más, lo más importante es tener en cuenta cuánto de difícil resulta para nosotros de forma individual. Saber que las ganancias y los refuerzos deben ser mayores que los esfuerzos percibidos, nos ayu-dará a mejorar la adherencia al tratamiento y a reducir las situacio-nes de autoboicoteo. Veamos un ejemplo, aumentar las verduras implica sacar tiempo para ir al mercado, cocinar en casa, organizar la compra semanal, reducir la ingesta de alimentos habituales más palatables, etc. En contra de estos esfuerzos solo percibimos como recompensa: mejorar la salud. ¿Qué podemos hacer?

‣ Redefinir el concepto salud hacia pautas más concretas y re-lacionadas con las características personales: quizás para una persona es importante mejorar su agilidad para poder jugar con sus nietos. ¡Concretemos!

PARA MÍ LA SALUD ES...

_____

_____

_____

➤ Reforzar el sentimiento de autocuidado como recompensa: el cuidarnos forma parte de una conducta olvidada. Volver a conectar con nosotros mismos es una recompensa en sí misma, una oportunidad para conocernos mejor.

ME CUIDO...

_____

_____

_____

➤ Diferenciar entre los beneficios a corto y a largo plazo de la mejora de nuestra salud. Visualizar los beneficios a largo plazo, cómo te verás dentro de un año y cómo te gustaría verte, es un trabajo que se realiza desde la consulta de psicología trabajándose también las limitaciones que creemos que encontraremos en el camino.

A LARGO PLAZO ME VISUALIZO...

_____

_____

_____

La tercera de las situaciones sería **presentar "respeto" a mirar dentro**. Mirar dentro no es sencillo. Enfrentarnos a nuestros miedos e inseguridades, observar de frente nuestros pensamientos más negativos y reconocer nuestras mayores limitaciones es un gran trabajo a nivel personal. Implica un reto enorme que te permitirá empoderarte y disponer de mejores recursos y herramientas para poner en marcha en tu día a día, pero es un trabajo que genera vértigo. Desde la psicología podemos elaborar una base segura a través de la relación terapéutica de confianza y respetando los tiempos y espacios de las personas que vienen a la consulta. Si percibimos el vértigo, podemos:

> Comenzar por trabajar las partes más superficiales que nos permitan poco a poco ir adentrándonos en el epicentro de la problemática.

> Hacer psicoeducación general: los acercamientos de forma global a la importancia de la autoestima, el autoconocimiento y el autocuidado nos permiten realizar una aproximación sin implicarnos personalmente, pero es un primer acercamiento que inevitablemente nos lleva a la reflexión a nivel personal.

> Si aún no hemos dado el paso de consultar con un profesional, comenzar a prestar atención a nuestras emociones y a cómo respondemos ante la vida, es un buen comienzo.

——————— ACTIVIDAD ———————

ME DA MIEDO

_____

_____

_____

Las características individuales de cada persona van a determinar la situación que se genere durante el tratamiento. Os hemos mostrado las 3 más típicas, las que habitualmente vemos en consulta, pero podemos encontrar una gran variedad de situaciones. Lo que consideramos más importante es tener en cuenta que, si algo no funciona, es necesario mirar más allá, buscar ayuda antes de cargar contra nosotros mismos. No podemos olvidar que somos personas, seres humanos que nos movemos en un mundo social en constante movimiento y en contacto con otras personas y contextos. Esto hace que existan muchas influencias que afecten a nuestras emociones y conductas, siendo necesario prestar atención a todos estos factores para poder trabajar con ellos.

Capítulo 6
Alimentación consciente

Sabemos lo que somos, pero no sabemos lo que podemos ser.

William Shakespeare

6.1. Tomando consciencia

A lo largo de la lectura, ¿te has parado a pensar cómo es tu relación con la comida?

Seas profesional o una persona interesada en conocer más sobre todo este entramado, te animamos a plantearte las siguientes preguntas:

- ¿Cómo te sientes antes, durante y después de las comidas?
- ¿Conoces tu alimentación? Te invitamos a realizar un registro semanal para comenzar en este punto.

El registro semanal lo realizamos con la mente abierta, dispuestos a explorar nuestra rutina alimentaria sin juicios o reprimendas sobre lo que encontremos.

Como hemos visto a lo largo de toda la lectura, las autocríticas y los castigos solo nos dejan consecuencias negativas, siendo mucho más enriquecedor para nosotros explorar nuestro comportamiento con una mente dispuesta a utilizar dicha información para el aprendizaje y comprensión de nuestra forma de funcionar.

Con las respuestas a las dos preguntas planteadas, comenzamos a tomar consciencia sobre nuestros hábitos alimentarios y cómo nuestras emociones se relacionan con ellos. ¿Es importante este paso? ¡Es primordial! Cuando una persona toma consciencia y comprende lo que le está ocurriendo es cuando comienza a sentirse capacitada para la acción, unido a la motivación de la que hemos hablado en el capítulo anterior.

Quizás pudiéramos pensar que toda persona que busca ayuda profesional reconoce lo que le ocurre y por tanto está preparada para empezar un tratamiento. Sin embargo, ¿cuántas veces hemos escuchado la frase: "sé que necesito ayuda, pero no sé qué me pasa". Para profundizar y comprender mejor la etapa de cambio en la cual se encuentra una persona, usaremos el modelo de las seis etapas de cambio de Prochascka y Diclemente, adaptado por Miller y Rollnick (2010). En concreto se trata de 6 etapas de cambio situadas en forma de círculo, lo que simboliza que la persona se puede mover a lo largo de un continuo durante todo el tratamiento antes de alcanzar un cambio permanente.

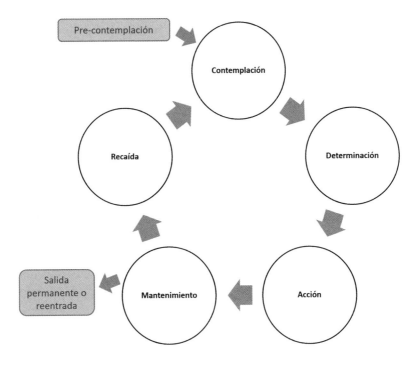

Imagen adaptada de Miller y Rollnick (2010).

Las etapas serían:

1- **Precontemplación**. Esta etapa está justo antes de la toma de consciencia. Es decir, la persona aún no se ha planteado la necesidad de un cambio. Un ejemplo práctico sería cuando alguien viene a consulta "motivado" por los comentarios de familiares, conocidos o por unas pruebas médicas determinadas que resultaran alarmantes a nivel de salud y cambio de hábitos. En estos casos, la psicoeducación y el trabajo hacia la comprensión y toma de consciencia son necesario para comenzar el tratamiento. Recuerda que trabajar desde el miedo no es el camino sano a nivel de salud mental.

2- **Contemplación**, en la cual la persona se encuentra entre ambas opciones: motivos para el cambio y motivos para no cambiar. En esta etapa podemos usar una de nuestras herramientas de psiconutrición: la balanza del cambio, que nos ayuda a plasmar de forma escrita los pros y los contras que asociamos a los dos niveles establecidos (corto y largo plazo). Se trata de dibujar dos balanzas:

> ‣ Balanza a corto plazo: ¿Qué pros y contras encuentras de tu cambio de hábitos a corto plazo?
> ‣ Balanza a largo plazo: ¿Qué pros y contras encuentras de tu cambio de hábitos a largo plazo?

> Recuerda la importancia de que tus respuestas sean lo más objetivas posible. En dicha balanza podemos poner como beneficio a largo plazo mejorar la salud, pero concretamente, ¿qué beneficios son los que esperas tener en tu salud?

3- **Determinación**. Comenzamos a encontrar un discurso motivado a la acción, señalando la necesidad del cambio sin llegar a comenzar a dar pasos hacia dicho cambio. Como señalan Miller y Rollnick (2010), en este punto nuestro trabajo como profesionales de la salud no radica en motivar, sino en educar en las mejores elecciones de tratamientos y en los pasos que se tendrían que llevar a cabo.

4- **Acción**. Comenzamos a caminar hacia el cambio creando pasos a nivel conductual (acciones) que se dirijan hacia el logro de los objetivos propuestos.

5- **Mantenimiento**. Se trata de mantener la acción a lo largo del tiempo, así como la prevención de recaídas, lo cual nos lleva a la última etapa.

6- **Recaída**. Las recaídas son habituales en los tratamientos que trabajan para mejorar la relación con la comida. Nuestro trabajo se basa en ayudar a la persona a volver a adentrarse en el proceso y en algún punto del círculo, para continuar su tratamiento. Señalar la presencia de estas recaídas desde el comienzo del tratamiento ayuda a la preparación para ellas. Es habitual encontrarnos en consulta frases del tipo: "cuando ocurrió, me tranquilizó haberlo hablado previamente contigo, conocer que era algo probable que ocurriera y no una señal de que soy un desastre".

Una vez analizadas las etapas de cambio, en este apartado nos estaríamos centrando en la etapa de contemplación, o cómo pasar de la precontemplación a la contemplación, esforzándonos en comprender lo que nos ocurre.

Por lo general, actuamos de forma automática en nuestro día a día, olvidando prestar atención a nuestro funcionamiento y casi sin plantearnos cómo actuamos en conductas rutinarias como, por ejemplo, comer. Por ese motivo, el simple hecho de parar durante un segundo y plantearnos ¿cómo me encuentro? ¿Me gusta este alimento? ¿Cómo es mi rutina alimentaria? ¿Cómo me siento cuando me veo en el espejo?, etc. Son preguntas sencillas que nos invitan a la reflexión, sin juzgarnos sobre los pensamientos que despiertan, sino simplemente abiertas a las respuestas que puedan aparecer.

Imagina una persona que pocas veces se haya parado a realizar este tipo de reflexiones; puede sentirse abrumada ante el descubrimiento de su cruel forma de hablarle a su cuerpo o de cómo siente un gran "deseo" por comer sin importarle nada más. En estos casos, el papel del profesional de la psicología y el trabajo en consulta de los pensamientos que aparezcan son primordiales. Trabajamos desde la aceptación de los pensamientos que nos invaden, están con nosotros y forman parte de nuestra manera de funcionar. Acercarnos a ellos sin rechazo para poder trabajarlos a nivel psicológico nos ayudará a no aumentar el vocabulario basado en autocríticas con nosotros mismos. Este proceso reflexivo debe ir acompañado de un trabajo en psicoeducación dirigido a la búsqueda de la compasión y comprensión de los propios pensamientos para evitar el castigo y la autocrítica de la que hemos hablado anteriormente.

Pongamos un ejemplo: Martina tiene 24 años y desde hace 5 años presenta obesidad y un patrón alterado con la comida. Su imagen en el espejo ha cambiado tanto que casi no se reconoce, y los insultos hacia su cuerpo son parte habitual de su vocabulario. Si trabajamos con Martina la toma de consciencia sobre su forma de hablarse ante el espejo, se emocionará. Podemos saber lo que hacemos, pero eso no es sinónimo de sentirlo. "Sé que me llamo gorda y ballena casi a diario, pero nunca lo había sentido como ahora que me he parado a vivirlo". Debemos ayudar a Martina a comprender cómo ha llegado a este punto, cómo ha ido cambiando su imagen en el espejo, cuándo dejó de mirarse con respeto o incluso, simplemente, cuándo dejó de mirarse.

Es nuestra labor profundizar en temas relacionados, por ejemplo: ¿dónde ha aprendido que la imagen que ve se merece esos adjetivos y qué significan para ella? También podemos ayudar a Martina a hablarse de forma distinta, más realista. No hablamos de ver positividad donde no la hay, hablamos de ver la realidad de forma sincera, sin insultos, sin malas palabras, sin juzgarnos y con respeto.

A modo de conclusión, la toma de consciencia sería algo así como una apertura a nuestro interior, mirando dentro e investigando con respeto y cuidado.

╫╫╫ ─────────── ACTIVIDAD ─────────── ╫╫╫

Mis primeros descubrimientos mirando dentro de mí:

➤

➤

➤

➤

6.2. Por qué estamos gordos: marketing alimentario

Ya hemos dicho en algún momento a lo largo de estas páginas que las causas de la obesidad son muy variadas, por lo que reducir la responsabilidad de estar obeso a comer mucho (o mal) y a no hacer ejercicio es como decir que un coche se mueve solo porque tiene gasolina. Vivimos en una sociedad y, aunque podemos hacer muchas cosas por cuidarnos, no podemos obviar que hay ciertos factores muy difíciles de cambiar. Por mucho que luchemos para que no se avalen galletas con sellos de sociedades científicas, seguirán existiendo, si no en esas galletas, en otros productos. Porque hay cosas contra las que no podemos luchar para conseguir los cambios que nos gustaría. Sin embargo, eso no implica que no debamos ser conscientes de todos esos factores y podamos actuar en consecuencia. Es más, **si cada uno de nosotros va poniendo su granito de arena, al final, entre todos, construiremos la duna**. Las cosas se pueden cambiar, pero para ello es necesario querer cambiarlas.

Como te comentábamos, es habitual culpabilizar a la persona con exceso de peso de ello; no obstante, no debemos caer en ese reduccionismo. Salgamos un poco del foco y tratemos de ver las cosas con perspectiva. ¿Son los padres los únicos responsables de que sus hijos coman mal? Pues no. Por un lado, no todos los padres tienen acceso a toda la información necesaria para poder decidir qué alimentos son mejores o peores para sus hijos; es más, puede ser que tengan acceso a ella, pero estén recurriendo a información sesgada o no del todo veraz, pues nadie nos enseña a discriminar en esta era en la que nos intoxicamos de mensajes sin filtro. Por otro, en general no suelen tener conocimientos sobre los factores fisiológicos del hambre, la saciedad o la apetencia por los sabores y, por tanto, sobre cómo su alteración influye en las elecciones alimentarias. A eso se le suma que los padres, cosa normal, se suelen fiar más si un sello avala el producto que tienen entre manos, sobre todo si lo recomienda parte del sector sanitario (principalmente pediatras, aunque afortunadamente la cosa está cambiando y hay muchos que no lo hacen). Y, por último, es posible

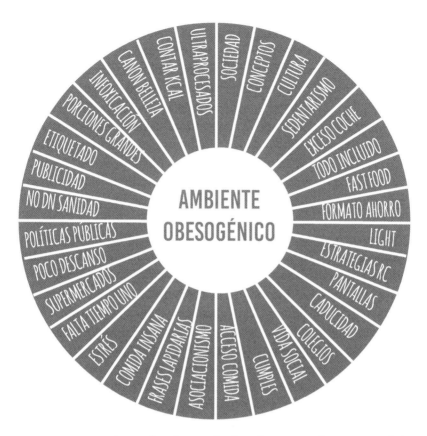

que en casa estén cuidando mucho la educación alimentaria del niño, pero fuera de casa… ¡oh, ambiente obesogénico!

Y ¿qué es eso del ambiente obesogénico? Pues, como su propio nombre indica, es un conjunto de factores ambientales (externos) que inducen a la obesidad de forma directa e indirecta; es decir, que nos llevan a desarrollar hábitos no adecuados (no solo los relacionados con la comida de forma directa), entre cuyas consecuencias se encuentra el exceso de peso. Todos esos factores están constantemente a nuestro alrededor y la mayor parte de las veces ni siquiera somos conscientes de ellos, pero nuestro cerebro sí. Él los percibe, los capta, y establece asociaciones de forma inconsciente que luego aparecerán casi sin darnos cuenta. Por ejemplo, el hecho de que al lado de un parque infantil haya siempre un quiosco de chucherías (ambiente obesogénico) hace que el cerebro asocie parque a dulces. Lo más probable es que cada vez que el niño vaya al parque quiera comer golosinas. Pues como este ejemplo, ocurren otros tantos las 24 horas del día. Vivimos bombardeados de estímulos obesogénicos: las ofertas 2x1 o el formato ahorro en productos ultraprocesados; los tamaños de raciones de comida rápida, cada vez mayores; los cubos de palomitas y refresco en el cine (más barato el tamaño mediano y con refresco que el tamaño pequeño y con agua), el rellenado gratis de refresco (pero no de agua) en establecimientos de comida rápida; las máquinas de vending sin ofertas saludables, incluso en hospitales; dedicar solo un par de horas a la semana a la actividad física en centros educativos mientras se permite la entrada de bollería industrial; y un largo etcétera. Y todos ellos, en gran medida, están asociados de una forma u otra a las emociones, como veremos más adelante. Aunque te dejamos una imagen de los numerosos factores obesogénicos que podemos encontrar, los podríamos englobar en 6 grupos:

a) **Estrés social.** Vivimos siempre corriendo, estresados, angustiados con el tiempo. No nos permitimos disfrutar del momento, entre ellos el de la comida, que muchas veces hacemos en 10 minutos y de pie. Recuerda lo importante que puede ser el estrés en una mayor ingesta alimentaria y de productos más calóricos.

b) **Cultura alimentaria.** Nuestra vida social gira en torno a una mesa llena de comida, es lo que se conoce como "comer social", donde el alcohol, los productos ultraprocesados (snacks, comida rápida) o los dulces son el centro de reuniones.

c) **Diseño urbanístico.** Las ciudades están diseñadas para usar el coche o transporte público. Aunque cada vez son más las poblaciones que están llenando sus calles de carriles bici, seguimos abusando del coche hasta para ir a por el pan. Las escaleras mecánicas están en primer plano; a veces incluso cuesta encontrar escaleras normales, o hay que utilizar las de emergencia.

d) **Más supermercado y menos mercado.** La tendencia a comprar en grandes superficies genera muchos más estímulos no saludables pues, aunque queramos ir solo a comprar la fruta y la verdura, es inevitable pasar por más de un pasillo lleno de productos comestibles (que no saludables); y la tentación siempre está ahí, acechando, por lo que no acabar comprando algo que no estaba en tu lista no es tarea sencilla. Un estudio realizado por De Decker et al (2017) determinó que se produce una asociación entre tener una disponibilidad elevada de alimentos poco saludables en casa, con una mayor frecuencia de consumo de comida rápida, asociada a una alta sensibilidad de recompensa.

e) **Uso de pantallas.** ¿Cuántas horas pasas delante del ordenador, televisión, móvil o tablet? ¿Lo has calculado alguna vez? Te animamos a que lo hagas y a que prestes atención al tiempo que inviertes en ello. Más allá de lo útil o necesario que te pueda resultar, piensa que mientras lo haces estás sentado y/o comiendo.

f) **Marketing alimentario.** Quizá este sea uno de los factores más agresivos e influyentes. Se trata de todos esos mensajes que promueve y utiliza la industria alimentaria para vender más. Y seamos sinceros, normalmente las mejores estrategias son utilizadas por quienes venden productos menos saludables.

Hablemos un poco más de ello. ¿Cuáles son los principios de marketing que utiliza la industria para aumentar sus ventas y generar un deseo imparable de comprar sus productos? De esto se habla mucho en neuromarketing. Veamos las 14 técnicas básicas de marketing en los supermercados y envases:

1. Los carros de la compra más grandes para que quepan más productos.

2. El olor a pan y bollería estimula el apetito e incita a comer (y comprar) de forma impulsiva. Según Díez López (2013), la industria alimentaria utiliza aromas específicos con el fin de influir en el comportamiento del consumidor, activando áreas cerebrales asociadas al deseo de comer y asociando estos olores a la marca.

3. Ver mucha cantidad (la cesta de bollería llena, por ejemplo) también induce a comprar y a llevarse más cantidad.

4. Los tamaños de los envases y de las porciones cada vez más grandes nos llevan a comer más. Varios estudios realizados

por Eva Almirón (2015 y 2018), demuestran que el aumento en el tamaño de la porción lleva a una mayor mordida y a comer más rápido.

5. Los alimentos imprescindibles suelen estar situados siempre en los rincones o al final de los pasillos. Para llegar a la fruta, antes hay que pasar por varios pasillos llenos de productos ultraprocesados. También ocurre con los productos de limpieza en muchos casos.

6. Cada cierto tiempo, se cambia el orden de los pasillos y de las estanterías, de forma que no se puede ir de forma directa y aumenta la posibilidad de comprar algo que no se estaba buscando.

7. Jugar con los precios y los decimales permite pensar que es más barato. En este sentido, también se juega con las cantidades; hay envases que cuestan lo mismo que otros similares, pero contienen pesos diferentes. Hay que fijarse siempre en el precio por kilo o por litro para comparar.

8. Tener hilo musical con melodías relajantes induce a permanecer durante más tiempo en el supermercado, favoreciendo un mayor consumo.

9. La colocación de ciertos productos a la altura de los ojos (tanto para adultos como para niños), puestos estratégicamente para llamar la atención del consumidor.

10. Productos prescindibles a la entrada y salida del supermercado, de forma que al llevar el carrito vacío es más fácil coger alguno y, mientras se espera la cola para pagar, también.

11. Las promociones 2x1 ubicadas en las cabeceras, donde mayor visibilidad hay, para estimular la compra. En muchas ocasiones se piensa que hay ahorro y en realidad lo que se produce es un mayor consumo innecesario.

12. La asociación de marcas comerciales, empresas o supermercados con personajes públicos ligados a la salud (deportistas, presentadores delgados, profesionales sanitarios, etc.), generan mayor confianza en el consumidor y una idea equivocada de estar comprando algo más saludable sin serlo realmente.

13. El uso de colores determinados, dibujos animados, regalos o premios por la compra de productos dirigidos a público

especializado (niños, mujeres, deportistas). Por ejemplo, los envases rosas dirigidos a mujeres, verdes a deportistas o coloridos para niños.

14.Los sellos de sociedades científicas en productos malsanos, cuya justificación seguimos sin comprender a estas alturas.

¿Te habías parado a pensar alguna vez en todos estos estímulos que te incitan a comprar y a consumir más?, ¿te has planteado quién decide realmente lo que compras y comes? Quizá ahora sea el momento de hacerlo y de empezar a ser más crítico con lo que ves en el supermercado (porque en el mercado es menos probable que ocurra).

Es posible que te estés preguntando si hay algo que se pueda hacer en este tema. Pues sí, aunque parezca increíble. Y la respuesta no es solo no ir al supermercado, lo cual es quizás poco realista, al menos hacerlo al 100%. Puedes decidir hacer una compra más sostenible y saludable o no ver anuncios de televisión, pero seguirás estando rodeado del ambiente obesogénico y del marketing alimentario. Lo que sí podemos hacer es darle la vuelta a la tortilla y tratar de usar las mismas estrategias, pero para fomentar el consumo de alimentos saludables. Por ejemplo, que una frutería regale una fruta si el niño cuela un balón en una canasta, o que la pescadería tenga dibujos infantiles.

Lo peor de todo esto es cuando los mensajes publicitarios están asociados a emociones. Son cada vez más los anuncios de comida que relacionan el consumo del producto con un estado afectivo, es decir que están incitando el comer emocional del que ya hemos hablado. Lo que suele ocurrir es que la industria alimentaria crea una necesidad innecesaria que no sabías que (no) tenías, y acorde a ella, genera una serie de mensajes. La mayoría de ellos aluden a las emociones para captar tu atención y que tu cerebro piense que no puedes pasar sin ese producto pues, de lo contrario, no serás feliz, libre, saludable, aceptado, reconocido, etc. Y tras ese mensaje aparentemente inofensivo hay un mensaje oculto que es el que tu cerebro interpreta:

MENSAJE DEL ANUNCIO	MENSAJE OCULTO
"Hoy es un buen día para sonreír"	*Pasa de todo, te lo mereces.*
"Libera toxinas: plan DETOX"	*No pases de todo, debes cuidarte y estar perfecta.*
"Libera la bestia que llevas dentro"	*Pasa de todo, deja que tus emociones fluyan.*
"Cuídate y dale sabor a tu cuerpo"	*No pases de todo, adelgaza para sentirte bien.*
"Placer adulto"	*Pasa de todo, eres adulta y no debes privarte del placer de comer.*
"Defiende tus derechos como mujer"	*Pasa de todo, defiende la conciliación. No pases de todo y recuerda que debes mantener un cuerpo perfecto, comiendo X y sin estrés*

Pero cuidado, muchos de estos mensajes, además de tener el mensaje oculto, son contradictorios entre ellos. En la página siguiente te dejamos algunos mensajes junto con su mensaje oculto que, orientados principalmente hacia la mujer, se reciben a lo largo de una mañana. ¿Te resultan contradictorios?

La contradicción radica en que, en un anuncio escuchamos que nos podemos permitir comer un trozo de chocolate tras el día tan duro que hemos tenido y, acto seguido, otro anuncio nos dice que nos tomemos una infusión para estar estupendas y caber en los pantalones que te ponías con 15 años. Esta relación potencia en gran medida el comer emocional además de generar una dualidad en sí misma, que nada bueno tendrá en las elecciones alimentarias que se realicen y en las asociaciones cerebrales que se establezcan con el consumo de ciertos productos. Es fundamental que comprendamos esta circunstancia, muy habitual en nuestro día a día, sobre todo en el caso de los niños, en quienes, como hemos visto, se comienzan a establecer las bases del comer emocional del adulto.

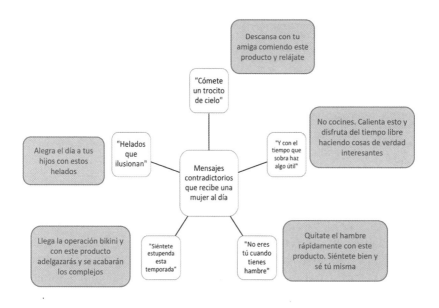

En un estudio realizado por Howard et al (2017) en el que se analizaron películas de dibujos animados, se observó la presencia de mensajes estigmatizantes asociados a la obesidad. Las 31 películas analizadas incluían contenido que promovía la obesidad: alimentos poco saludables, tamaño exagerado de porciones, uso de bebidas azucaradas, insultos sobre el peso o tamaño corporal, etc. Estos mensajes no se encuentran como incidencias aisladas, sino que suelen aparecer a menudo varias veces en cada película y en un alto porcentaje de las emisiones dirigidas a niños, siendo estos mucho más vulnerables a los mensajes emocionales.

Para terminar, te animamos a que hagas dos ejercicios de reflexión que, sin duda, darán un nuevo enfoque a tu forma de ver el ambiente obesogénico. Por un lado, trata de analizar las emociones a las que asocias algunos de los productos que puedes encontrar fácilmente en el supermercado. Responde rápidamente, trata de no pensar mucho y anota la primera emoción que se te pase por la cabeza cuando piensas en el producto que te proponemos. También puedes asociarlos a una situación concreta.

Producto	¿A qué emoción lo asocio?
Chocolate	_____
Patatas fritas	_____
Pizza o hamburguesa	_____
Bollería o tartas	_____
Refrescos	_____
Helado	_____

En segundo lugar, haz una lista de las acciones que puedes llevar a cabo para sustituir opciones obesogénicas por otras más saludables en diferentes situaciones. Intenta que sean acciones realistas, que puedas llevar a cabo e incorporar fácilmente en tu rutina diaria. Ten en cuenta que estas acciones pueden cambiar con el tiempo, no pasa nada, es normal.

OPCIÓN OBESOGÉNICA	OPCIÓN SALUDABLE
Colegio de los niños Tren de los alimentos con bollería	
Cine Palomitas, refresco, chucherías	
Cumpleaños Snacks, chucherías, dulces	
Comida con amigos Cantidades, alcohol, dulces, comida rápida	
Tarde de sofá y series Sedentarismo, pantallas, comida, bebida	
Supermercado Productos ultraprocesados, comprar con hambre, ofertas, tamaños	
Menú infantil En parques temáticos o bares	
Gimnasio Barritas energéticas, suplementos	
Si te pilla fuera de casa Vending no saludable, dulces	

6.3. Educando los sabores

Ya hemos hablado en los capítulos 2 y 3 de cómo influyen los sentidos en la alimentación y del origen de la apetencia natural (o adquirida) de la preferencia por determinados sabores. Sin embargo, debemos tener claro que, aunque sintamos predilección por una serie de sabores o alimentos, podemos reeducar nuestro paladar. Hace unos años, la periodista estadounidense Eve Schaub, tras ver un documental sobre el azúcar, propuso a su familia (marido y dos hijos) vivir durante un año sin consumir absolutamente nada que tuviera azúcar añadida (se excluían los alimentos con azúcar naturalmente presente como la fruta, por ejemplo). Fue todo un reto, pues se dieron cuenta de la cantidad de productos que contenían azúcar. De hecho, un informe elaborado por VSF Justicia Alimentaria Global, Planeta Azúcar, determina que el 75% del azúcar que consumimos se encuentra enmascarado en productos procesados, es prácticamente invisible para nosotros pues ni siquiera pensamos que pueda estar ahí. Bien, pues la familia Schaub, un año después del reto, afirmaba sentirse más sana y fuerte, haberse puesto enfermos con menos frecuencia y sentir un cambio significativo en el paladar, pues ciertas cosas que antes les gustaban mucho ya no solo no les parecían apetecibles, sino que llegaban a ser desagradables debido a su excesivo sabor dulce.

Este es solo un ejemplo de que el cambio es posible, y no tiene por qué ser a peor. Lo vemos día a día en nuestras consultas, cuando muchos pacientes, tras un largo recorrido, acaban diciéndonos lo bien que se sienten comiendo sano y sin echar de menos los dulces o los snacks que consumían antes diariamente: "ya no siento la necesidad de comer chocolate"; "los postres muy dulces me resultan demasiado empalagosos"; "soy capaz de ir al cine sin tener que comer palomitas". Fíjate que en estos ejemplos no solo hay un efecto sobre la palatabilidad y el umbral del sabor del producto, sino que también hay una parte emocional; de ahí la importancia de que la reeducación de los sabores también se trabaje desde el enfoque de la psiconutrición, pues muchas veces asociamos esta necesidad de sabores dulces o salados a situaciones concretas. Tendemos a pensar que dejar de comer ciertos productos será renunciar a ellos para toda la vida, y no tiene por qué ser así. El trabajo radica principalmente en ser conscientes de lo que estamos comiendo, mejorar su calidad y decidir cuándo, cómo y cuánto vamos a comer. ¿Te atreverías a comprobar la cantidad de productos que tienes en casa con azúcar y/o sal añadida? Es posible que te sorprenda el resultado.

Por otro lado, quizá no te hayas parado a pensar hasta ahora qué cosas te gustan y cuáles no, y por qué. El exceso de azúcar, sal o potenciadores del sabor enmascara el sabor real de los alimentos. Y decimos esto porque, si te gusta el café, ¿por qué le añades dos cucharadas de azúcar? En este caso, a lo mejor lo que te gusta es el azúcar y no el café, pues este es amargo y al añadirle sacarosa lo volvemos dulce. Te invitamos a que realices la siguiente reflexión con los alimentos que más y que menos te gustan. Piensa qué es lo que más te gusta o desagrada del alimento en sí (olor, sabor, textura, color, recuerdos, etc.). Posteriormente piensa si sueles añadirle azúcar o sal, o si lo consumes junto a otros alimentos dulces o saldados, y el motivo por el que lo haces, en caso afirmativo.

⊁⊁⊁ ———————— ACTIVIDAD ———————— ⊀⊀⊀

	¿QUÉ ME GUSTA DE ÉL?	¿AÑADO AZÚCAR/ SAL?	¿POR QUÉ?
Alimentos que más me gustan			
Alimentos que menos me gustan			

Una vez hecha esta reflexión quizá hayas descubierto que algunos alimentos no te gustan en sí mismos, sino que te agradan porque los comes con otros o bien enmascaras su verdadero sabor (por ejemplo, comer coliflor con mayonesa). Para poder empezar a trabajar en la reeducación de los sabores, debemos tomar consciencia de que ciertas sustancias –de las que ya hemos hablado en estas páginas:

azúcar, grasas no saludables, sal y potenciadores del sabor como el glutamato, por ejemplo–, son utilizadas para que el producto sea más palatable y, por tanto, más apetecible, y de ahí que queramos comerlo. Una vez tenemos esto claro, comencemos con la tarea de reeducar nuestro paladar. ¿Recuerdas que comentamos que la tolerancia al sabor dulce se podía disminuir? Pues vamos a ello, ¡se puede!

Lo primero que debemos hacer es empezar a disminuir la dosis de forma progresiva. Esto es muy importante, pues hacerlo de golpe no permite que se produzca una adaptación del organismo y puede generar una apetencia muy alta, incluso comerlo compulsivamente. Otro factor importante es no prohibirlo. Se trata de decidir mejorar los hábitos, de querer disminuir la cantidad de azúcar que tomamos, no de no comer nunca jamás algo que sea dulce. Es muy distinto. Ya sabes que prohibir tampoco tiene efectos positivos y no es realista en el cambio de hábitos. ¿Cómo lo hacemos? Pues poco a poco y de forma gradual. Por ejemplo, si utilizabas 2 cucharadas de azúcar (o endulzante, estamos hablando de sabor, no de calorías) para la infusión, el próximo día pondrás 1 cucharada y ¾ partes y estarás unos días así. Una vez que sientas que no notas apenas diferencias con el sabor de antes, volverás a reducir la dosis a 1 cucharada y media. Y así hasta no añadir nada o añadir solo un poco. Si se trata, por ejemplo, de un refresco, procederemos de la misma forma, pero con la cantidad de refresco en sí, pues ya contiene el azúcar o edulcorante, de forma que iremos disminuyendo el número de vasos que tomas a diario paulatinamente. Puedes utilizar el cuadro que te adjuntamos para hacer un registro de tu evolución.

⫯⫯⫯ ———————— ACTIVIDAD ———————— ⫯⫯⫯

DISMINUYENDO LA DOSIS DE...					
Producto	Semana 1	Semana 2	Semana 3	Semana 4	Semana 5

A continuación, debemos abrir nuestra mente a nuevos sabores y alimentos. Uno de los problemas de la monotonía alimentaria es que, debido al exceso de sustancias dulces y saladas, nuestro paladar está sobresaturado y nos cuesta mucho más trabajo percibir otros sabores como agradables. Es por ello por lo que probar nuevos alimentos, combinaciones, texturas o preparaciones diferentes nos ayudará a encauzar nuestro paladar hacia otros derroteros que no se simplifiquen tanto como el azúcar y la sal.

Haz una lista de los alimentos que no te gustan, en mayor o menor medida. Podría ser que ni siquiera los hayas probado, en cuyo caso pregúntate por qué. Quizá sea por un recuerdo desagradable o que el color te genere rechazo. En caso de que lo hayas probado, trata de pensar qué es exactamente lo que no te gustó: el color, el olor, el sabor, la textura, la combinación, la preparación, los recuerdos asociados, el contexto en que lo comiste, etc. Y finalmente, ¿crees que modificando algo podrías probarlo de nuevo y ver si te gusta? En este punto debemos tratar de ser atrevidos y que no nos dé miedo probar. Lo peor que puede pasar es que siga sin gustarte.

Nos gustaría dejar claro que no tenemos que comer de todo ni aspiramos a que te gusten todos los alimentos. Si comes fruta pero no te gusta el mango, pues mira, no pasa nada. Pero si para comer fruta y que te guste necesitas prepararla con sirope o miel, entonces tenemos que hacer algo: ¡conseguir que te guste la fruta!

}}} —————————— ACTIVIDAD —————————— {{{

ALIMENTO QUE NO TE GUSTA	¿Lo has probado?		
	NO	SI	
	¿Por qué?	¿Qué no te gustó?	¿Cómo lo cambiarías?

Puedes hacer el mismo ejercicio con alimentos que te gustan, pensando de qué otras formas podrías combinarlos o prepararlos que puedan resultarte agradables también, ampliando así tu abanico de opciones y sabores e incluso aplicando dichas estrategias a alimentos que no te gustan. Evidentemente cuanto antes empecemos con la reeducación de los sabores, mejor. Es más, si tratamos de no influenciar en la apetencia natural y no sobre estimulamos a los niños con los dulces y salados, mucho mejor aún. Pero si no es tu caso, si tu umbral y tolerancia para ciertos sabores ya son altos, no está todo perdido, los adultos también podemos conseguirlo.

Para terminar, queremos darte unos consejos para ayudarte en este proceso de entrenamiento del paladar:

Tips para disminuir la dosis de alimento

- ✓ Sé consciente de la importancia de una alimentación saludable.
- ✓ Identifica tu umbral del sabor: qué cantidad de azúcar o sal necesitas para sentir que te gusta lo que estás comiendo.
- ✓ Aprende a leer el etiquetado para poder identificar en qué productos se encuentran estas sustancias enmascaradas.
- ✓ Escucha a tu cuerpo y trata de saber tu grado de apetito y el tipo de hambre que tienes.
- ✓ Sé atrevido en la cocina: innova, descubre, prueba cosas nuevas hasta dar con ello.
- ✓ Lo más importante: disfruta del proceso y del resultado.

6.4. Mindful eating y otras estrategias

Ya hemos hecho referencia varias veces a lo largo del libro a cómo la rutina de nuestro día a día, las prisas, etc., nos acercan a un ritmo de vida que nos hace desconectar y funcionar en piloto automático.

Este piloto automático no puede permitir poner en juego la comprensión emocional ni la escucha de nuestros sentidos. Por ese motivo, el entrenamiento en estrategias que nos ayuden a conectar con el presente y con nuestro cuerpo serán un buen camino que complementará el recorrido hacia una mejor relación con nuestro comportamiento alimentario. Hablamos de fomentar la interocepción, es decir, impulsar la capacidad que tenemos de percibir nuestro interior y de usar la mente con una función observadora de nuestro cuerpo y nuestros pensamientos.

Una de las prácticas que nos orientan hacia la atención plena es el Mindfulness. En palabras de Kabat-Zinn (2005), se podría considerar como "una manera de enfocar nuestra atención de forma deliberada en la experiencia de cada momento sin dejarnos llevar por juicios, expectativas o ideas preconcebidas." Mindfulness, además, será un complemento genial para el trabajo con las autoverbalizaciones más críticas, aceptando su presencia y practicando la concentración en el presente.

En referencia a nuestra relación con la alimentación, estaríamos hablando de una práctica concreta denominada Mindful Eating. Os recomendamos encarecidamente la lectura del libro "Comer atentos" de Jan Chozen (2013), para conocer este campo. Lo que para nosotras resulta más interesante es la conexión desde nuestros distintos sentidos.

De pequeños nos decían "NO SE JUEGA CON LA COMIDA" pero ahora sabemos que la comida hay que MIRARLA, OLERLA, TOCARLA, DISFRUTARLA.

Como ya vimos en el capítulo 4, Jan Chozen distingue entre 7 tipos de hambre, haciendo referencia a 7 maneras distintas en las cuales se despierta en nuestro cuerpo la "necesidad" de comer, aunque realmente no sea la comida la que alivie dicha necesidad.

En su libro "Comer atentos" señala que, cuando la relación con la comida pierde armonía, perdemos también el disfrute innato de comer. Desde nuestro punto de vista es una de las grandes riquezas que podemos obtener de esta práctica: aprender a disfrutar de nuevo; no solo de la ingesta, sino también de la preparación, de la propia elección de alimentos y por supuesto de la reconexión con los sabores y los sentidos.

Más allá de la práctica de Mindful Eating, el trabajar la estimulación sensorial con distintos alimentos en consulta es especialmente importante en población infantil. Podemos encontrar casos de inapetencia o rechazo a introducir nuevos alimentos, pero probablemente muchos de estos niños nunca se hayan enfrentado a dichos sabores, colores o texturas. En este contexto, la práctica del método Baby Led Weaning (BLW) –que no es más que el hecho de que sea el niño quien decida qué, cómo y cuánto comer–, resulta muy interesante desde el punto de vista nutricional pero también psicológico, no solo por la independencia, autonomía y demás aspectos que se ven favorecidos, sino por el contacto con las sensaciones del propio cuerpo (saciedad, sentidos, etc.), por la posibilidad de tomar decisiones en referencia a nuestros gustos y preferencias sensoriales, así como por el aprendizaje del niño en la identificación de sus propias señales de hambre y saciedad, sin que nadie influya en ellas.

¿Podemos estimular nuestros sentidos en la adultez? ¡Por supuesto! Un primer paso por el cual te invitamos a comenzar es reconocer de todos nuestros sentidos cuál se despierta en mayor medida con nuestros alimentos preferidos. Para ello, elige dos o tres de tus alimentos preferidos, prueba a comerlos de forma que cada sentido explore el alimento en profundidad y posteriormente anota qué sensaciones te ha provocado.

}}} ———————— ACTIVIDAD ———————— {{{

	ALIMENTO O PRODUCTO PREFERIDO 1	ALIMENTO O PRODUCTO PREFERIDO 2	ALIMENTO O PRODUCTO PREFERIDO 3
Tacto			
Vista			
Olfato			
Oído			
Gusto			

Al igual que a lo largo del capítulo 4 nos centrábamos en la importancia de conocernos y comprender nuestro estado emocional y su relación con nuestra alimentación, en este caso es importante conocer cómo nuestro cuerpo responde a los distintos alimentos y qué sentido se despierta con cada uno de ellos. Quizás no siempre es necesaria la ingesta para satisfacer nuestro deseo; puede que simplemente tenga que nutrir mi vista disfrutando del emplatado o del color, o nutrir mi olfato al concentrarme en las sensaciones que me provoca el alimento o, como explica Jan Chozen (2013), quizás necesitamos crear una fiesta para nuestros ojos, no solo a través de la comida, sino también a través de la preparación de la mesa y del contexto que rodea la ingesta.

Es decir, al igual que prestamos atención hacia nuestro mundo interior, también prestamos atención a lo que nos rodea, dándole el espacio necesario para poder mantener una relación más saludable con la comida (no solo hablando de elecciones, sino a nivel comportamental).

Para trabajar la conexión con nuestro momento de comer, resulta necesario practicar el "comer más despacio". Poner en marcha estas estrategias nos ayudará igualmente con el reconocimiento de nuestros niveles de saciedad, como vimos en el capítulo 2. Por ese motivo, vamos a realizar un pequeño recorrido a lo largo de distintas estrategias que te pueden ayudar en este proceso, sin olvidar siempre la práctica del comer consciente como un complemento indispensable.

› Mejora tu ambiente a la hora de comer; queremos invitarte a comenzar a comer en un lugar en el que puedas mantener una posición cómoda para ti, para tu cuerpo y que facilite tu ingesta. Trata de que sea un lugar tranquilo, que te permita poder estar concentrado y donde no haya muchas distracciones (televisión, teléfono móvil, un lugar de paso, etc.).

› Establece un tiempo mínimo para la ingesta; es cierto que suelen recomendarse unos 20 minutos. Sin embargo, si esto resulta estresante para ti, permítete ser flexible y adaptar el tiempo recomendado a tus posibilidades, siempre respetando que sea un momento para alimentarte y no lo combines con otras actividades que distraigan tu atención. Con esto no hacemos referencia a la necesidad de disfrutar de la comida de forma aislada, puedes comer con compañeras o amigos, pero que sea un momento distendido y dedicado a la ingesta donde puedas identificar los aspectos sensoriales de los que hemos hablado antes, y no solo masticar y tragar.

➤ Si notas que estás comiendo muy rápido, trata de parar y recapitular. Reconecta y busca formas de controlar la velocidad de forma responsable y consecuente.

➤ Te invitamos a dejar de centrarte en algunas técnicas automáticas como soltar los cubiertos cada vez que comes un bocado o contar hasta 10. Lo importante es disfrutar del momento de comer, y no tener la mente en acciones que te distraerán del disfrute de los alimentos y te conectarán con la parte más automática. Si estás acostumbrado a realizar esta acción, no te preocupes, poco a poco puedes cambiarla, pero recuerda lo dañino que puede ser para ti el ser demasiado exigente y dar voz a los pensamientos más críticos; no olvides ser flexible.

➤ Diseña un plan para poder disfrutar de la elaboración y el cocinado, pues forman parte de nuestro proceso de la ingesta. Quizás no puedas dedicar 30 minutos a preparar ese plato que tanto te gusta, pero ¿tienes 15 minutos para hacer una versión más rápida y poder disfrutar de él igualmente?

➤ Si vas a comer dos platos, pon en tu mesa cada uno de ellos de forma individual. De esta manera podrás realizar una pequeña pausa a la hora de pasar de uno a otro. Si compartes comida, lo ideal es que te sirvas en tu propio plato la cantidad que decidas comer de cada una, de manera que seas consciente de ello y seas tú quien controle qué y cuánto comes.

➤ Intenta que en la mesa esté solo lo que hayas previsto comer; las ollas las debemos dejar en la cocina, pondremos el pan que queramos consumir en la mesa, etc. De esta forma podemos concentrarnos mejor en la comida en sí sin tener mayores distracciones y/o tentaciones.

➤ Si te notas la respiración acelerada cuando se acerca el momento de la ingesta, para unos minutos y realiza 3 respiraciones diafragmáticas. La respiración diafragmática se centra en que sea el estómago quien realiza el movimiento, es decir, al practicarla tu estómago subirá y bajará al llenar y vaciar tus pulmones de aire. Para empezar a ponerla en práctica te ayudará situar una de tus manos debajo del pecho y otra en la tripa para ir observando qué parte de tu cuerpo es la que se inflama con la inspiración. No es sencillo realizar esta respiración y te recomendamos contar con ayuda profesional para su práctica.

Para terminar este apartado, y dado que ya has practicado la identificación de saciedad de tu estómago, daremos un pasito más. Es importante reconocer, como hemos visto, tus niveles de hambre antes de empezar a comer y qué tipo de hambre estás teniendo. Este ejercicio, junto con el comer consciente, te ayudará a regular las cantidades que ingieres y a saber cuándo parar de comer (o en caso de seguir, al menos reconocer los motivos que te impulsan a ello).

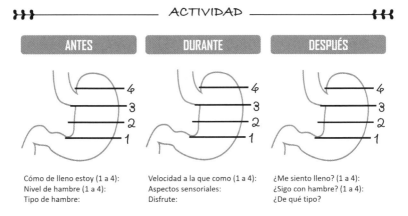

El ejercicio debe realizarse a lo largo de una ingesta, siempre y cuando podamos prestar atención a nuestro cuerpo. En primer lugar, antes de empezar a comer pregúntate cuánta hambre tienes (de 1 a 4, donde 4 será la mayor sensación de hambre), y qué tipo de hambre sientes. El nivel del estómago en este caso será inverso a la cantidad de hambre, es decir, que si tienes mucha hambre (4), debes sentir tu estómago bajo mínimos (1), pues estará vacío. Una vez empieces a comer, presta atención a la velocidad a la que comes, a los aspectos sensoriales que te transmiten los alimentos que ingieres o a cuánto estás disfrutando del momento. Además, piensa en cómo se va llenando tu estómago y, a mitad de la comida, en qué nivel de saciedad crees que te encontrarías. Una vez hayas terminado, vuelve a tomar consciencia del estado de tu estómago y anota cómo de lleno te sientes. A continuación, debes preguntarte, independientemente de tu estómago, si sigues sintiendo hambre. En este punto podemos encontrarnos varias opciones:

a) Si la respuesta es SÍ, piensa qué tipo de hambre es. Puede ser que, si tus niveles de saciedad son bajos y aún tienes hambre, lo que has comido no haya sido suficiente para saciarte. Pero si tu estómago está lleno y sigues teniendo hambre, sería importante analizar qué puede estar ocurriendo, pues es posible que tus sensaciones de hambre y saciedad estén alteradas o no hayas sabido identificarlas bien.

b) Si la respuesta es NO, pregúntate si has sido capaz de parar de comer cuando has detectado que ya no tenías hambre. En caso afirmativo, ¡genial! Estás empezando a gestionarlo bien. Por el contrario, si crees que podrías seguir comiendo a pesar de no tener hambre, debes preguntarte por qué crees que podrías continuar con la ingesta.

c) No lo sabes. Debes poner en práctica la toma de consciencia de niveles de hambre y saciedad, para lo cual te animamos a que hagas este ejercicio varias veces.

La evolución en los niveles de llenado gástrico debe ser progresiva, es decir, empezando en un 1 o incluso menos, y aumentando durante el proceso hasta el 3-3,5. No te recomendamos que llegues a tener una sensación de 4 de forma habitual. Recuerda que esa pequeña sensación de hambre que puedes tener al terminar y que se pasa en 5 minutos es normal, y el hecho de que no se mantenga en el tiempo indica que la ingesta ha sido suficiente. En cualquier caso, si detectas cambios bruscos o los resultados no son coherentes, te animamos a consultar con profesionales de la nutrición y la psicología para que te ayuden a identificar qué puede estar ocurriendo.

6.5. Alimentación saludable

Queremos terminar este capítulo sobre la toma de consciencia dando unas pinceladas sobre los conceptos más relevantes en relación a la alimentación, de modo que puedas unir todas las herramientas que estás adquiriendo en este libro con el hecho de realizar una alimentación saludable.

Empecemos por el principio: ¿qué es una alimentación saludable? Podríamos definir este concepto de forma muy simple, diciendo que es aquella pauta dietética que incluye alimentos que aportan nutrientes suficientes al organismo para ayudarle a realizar sus funciones correctamente, sin perjudicar la salud. De esta forma no solo prevenimos la aparición de enfermedades (o mejoramos su sintomatología y pronóstico), sino que también mejoramos la calidad de vida. Es por ello por lo que deberíamos tener como objetivo instaurar una alimentación saludable en nuestro estilo de vida y convertirlo en un hábito.

Como ya vimos en el primer capítulo, equilibrado o variado no son sinónimos de saludable, por lo que debemos empezar por desterrar estos conceptos erróneos que, lejos de acercarnos a una concepción acertada, nos alejan de lo que realmente debería ser nuestro estilo alimentario, llegando incluso a fomentar una ingesta poco saludable aun pensando que lo estamos haciendo muy bien. En esta línea, centrémonos entonces en las bases que sustentan una alimentación saludable, limitándonos en este capítulo a lo estrictamente relacionado con la comida, pues de otros aspectos hablamos largo y tendido a lo largo del resto del libro.

Para empezar, una alimentación saludable debe basarse principalmente en alimentos de origen vegetal, siendo estos los que predominen a lo largo del día. Entre ellos se encuentran: verduras, frutas, cereales, tubérculos, legumbres, aceites (vegetales), frutos secos y semillas. A esta base se le pueden añadir alimentos de origen animal (carne, pescado, huevo, lácteos), aunque no son imprescindibles, pues se puede llevar una alimentación totalmente saludable y adecuada consumiendo solo vegetales; simplemente es necesario saber combinar los alimentos de forma adecuada para obtener todos los nutrientes necesarios, sobre todo los esenciales. En la siguiente tabla tienes una clasificación de los grupos de alimentos en función de su origen.

	VEGETALES	ANIMALES
Grupos de alimentos	Verduras y hortalizas	Pescados
	Frutas	Huevos
	Legumbres y leguminosas	Carnes
	Cereales y tubérculos	Lácteos
	Aceites y grasas	Grasas
	Frutos secos y semillas	

Las grasas pueden tener origen animal (carne, pescado, huevo, lácteos y derivados, como la mantequilla, por ejemplo) o vegetal (aceites, semillas, frutos secos o aguacate principalmente). Sin embargo, que una grasa sea animal o vegetal no la hace, en sí misma, mejor o peor a nivel nutricional. Todo dependerá del contexto y del alimento. Es el caso de los aceites vegetales utilizados en la elaboración de productos ultraprocesados. Su origen es vegetal, pero debido al tipo de grasa o al procesamiento al que se someten, se convierten en ácidos grasos trans, que son los de peor calidad. Del mismo modo, la grasa presente en el pescado azul es saludable, pues está formada por ácidos grasos insaturados. Para poder entender un poco más estos conceptos, vamos a diferenciar los tipos de nutrientes que contienen los alimentos. En primer lugar, hablemos de los macronutrientes, que son aquellos que se necesitan en cantidades mayores.

› **Hidratos de carbono**. Su función principal es la de aportar energía. Podemos distinguir entre dos tipos de carbohidratos: simples, aquellos cuya estructura está formada por una o dos moléculas de glucosa; y los complejos, que constan de varias moléculas de glucosa. Los alimentos ricos en hidratos de carbono complejos son los cereales (trigo, cebada, centeno, avena, mijo, maíz, arroz, quinoa, espelta, triticale, kamut) y derivados de ellos (harinas, pan, pasta, bollería, galletas, etc.). Las legumbres también contienen cantidades significativas de carbohidratos. Por su parte, los hidratos de carbono simples se encuentran en la fruta, la verdura, los lácteos y el azúcar (miel, siropes u otros endulzantes calóricos), así como en todos los productos que la contengan.

› **Grasas**. La función principal de las grasas es generar un almacén de energía y formar parte de estructuras, por ejemplo, de las membranas de las células. Podemos dividir a las grasas en dos grandes grupos, según tengan enlaces dobles en su esqueleto de carbonos (insaturadas) o no los tengan (saturadas). Las grasas saturadas se encuentran en lácteos y derivados (mantequilla), carne, huevo, coco, palma y aceites vegetales hidrogenados. Las grasas insaturadas están presentes en frutos secos, aceites, aguacate, pescados, huevo, cereales y legumbres. Deberemos priorizar el consumo de grasas insaturadas (suelen estar presentes en los alimentos de origen vegetal) al de grasas saturadas (presentes en alimentos de origen animal, principalmente), aunque no por ello hay que catalogar a las saturadas como perjudiciales.

La matriz alimentaria, es decir, todos los nutrientes que conforman un alimento, es lo que realmente determina que un alimento sea más o menos saludable, y no el tipo de nutriente aislado que pueda contener. Pongamos el ejemplo del huevo: contiene colesterol en la yema, pero no por ello es una mala elección dietética, pues es un alimento rico en proteínas de alto valor biológico, en aminoácidos y ácidos grasos esenciales y en vitaminas, entre otros. Entre los ácidos grasos esenciales (imprescindibles para la vida y que no somos capaces de sintetizar) se encuentran el linoleico (omega 6) y el linolénico (omega 3), presentes en frutos secos, semillas y pescados azules.

> **Proteínas.** Son las encargadas de generar estructuras (músculo) a partir de su molécula más pequeña: el aminoácido. Al igual que en el caso de las grasas, también existen aminoácidos esenciales que, al no ser capaces de producirlos, debemos ingerirlos. Los alimentos proteicos de origen animal contienen todos los aminoácidos (esenciales y no esenciales), mientras que todos los alimentos vegetales no; sin embargo, con una combinación adecuada de ellos podremos obtenerlos en su totalidad sin que suponga riesgo para la salud. En función de su origen, tenemos proteínas animales (carne, pescado, huevo, lácteos) y proteínas vegetales (legumbres y frutos secos, principalmente).

Por otro lado, los alimentos contienen micronutrientes, elementos presentes en menor cantidad cuyas necesidades para el organismo también son más pequeñas: se trata de las vitaminas y los minerales, esenciales para la vida, pues participan en la mayoría de las reacciones bioquímicas que se dan en el organismo. Los alimentos que mayor cantidad y variedad de vitaminas y minerales contienen son las frutas y las verduras.

NUTRIENTES CONTENIDOS EN ALIMENTOS			
AGUA	HIDRATOS DE CARBONO	PROTEÍNAS	GRASAS
	FIBRA		
	VITAMINAS		
MINERALES			
Agua	Pan, pasta, arroz, maíz, quinoa, cebada, centeno, avena, patata, boniato	Marisco Seitán Carne magra	Aguacate Aceite Mantequilla
	Fruta Verdura	Legumbres Tofu, Tempeh	Carne procesada, pescado, huevo, frutos secos, lácteos

Adaptado de María G Neira (Nutriendo mi cambio)

Es importante tener en cuenta que no existe ningún alimento que solo contenga un tipo de nutriente (excepto el aceite), al igual que el hecho de que un producto contenga nutrientes importantes no lo hace saludable en sí mismo (por ejemplo, un bollo industrial con vitaminas y hierro). Recuerda que al final la clave es el conjunto.

Una vez te has familiarizado con los alimentos y los nutrientes que forman parte de ellos (y recordando que los nutrientes no son lo más importante), veamos cómo planificarnos para que la alimentación sea lo más saludable posible.

En primer lugar, debemos empezar por la despensa. Intenta que tu despensa sea una imagen especular de la forma en que debemos comer, es decir, que en su mayoría se componga de alimentos vegetales: fruta, verdura, legumbres (nos sirven las envasadas y todas sus variedades como tofu, tempeh, soja texturizada, hummus, etc.), cereales (preferentemente integrales pues contienen más fibra y vitaminas), tubérculos (patata, boniato), frutos secos, semillas y aceite –si es de oliva virgen, mejor. La mitad de tu despensa, al menos, debe estar formada por estos alimentos. El resto, en función de tu estilo de alimentación, podrá ser carne, pescado, huevo, lácteos (si son vegetales, cuidado con el azúcar). La carne mejor si es magra, evitando carnes procesadas como embutidos o salchichas. El pescado, alternando blanco y azul; puedes usar también latas en conserva (cuidado con la sal). Los huevos, si son camperos mejor. Y los lácteos, cuanto más naturales sean, mucho mejor (evita los yogures azucarados o edulcorados así como los más procesados como natillas o flanes).

El segundo paso es ir a comprar. Para ello solo necesitas saber tres cosas: 1) haz una lista con los alimentos que necesites, incluyendo aquellos que hayas pensado cocinar y algunos básicos de la despensa que te pueden servir para salir de un apuro; 2) jamás vayas a comprar con hambre; 3) intenta fomentar la compra en el mercado o pequeño comercio especializado en lugar de en grandes superficies, potenciarás el consumo local, la compra de alimentos de temporada y la sostenibilidad alimentaria y, además, evitarás tentaciones.

Ahora sí, llega el momento de diseñar el menú. Muy sencillo: tanto si comes un plato como si comes dos, la cantidad de verdura deberá ser siempre superior (alcanzando al menos el doble) del resto de alimentos (proteínas e hidratos de carbono). Si comes dos platos, intenta que la verdura –alternando cruda y cocinada– sea el primero de ellos, así aumentarás la sensación de saciedad. Las cantidades de proteínas e hidratos de carbono pueden diferir, y podrán estar mezcladas con las verduras, entre ellas, o bien formar un único plato que lo contenga todo. Como aderezo, utilizaremos las grasas (en la imagen representadas como G), bien como aceite para cocinar o aliñar o bien como aguacate, frutos secos o semillas. La proporción de alimentos, por ende, deberá ser, aproximadamente, tal y como se indica en el diagrama, de forma que no solo cumplamos las recomendaciones dietéticas actuales, sino que creemos platos saludables. Por supuesto, todo ello habrá que personalizarlo en función de cada individuo.

Para beber, siempre elegiremos agua (o agua con gas, si quieres un toque más chic) y de postre, preferentemente fruta de temporada. En el caso de los tentempiés de media mañana o de la tarde, puedes elegir entre fruta, frutos secos, fruta desecada, lácteos sin azúcar o mini-bocadillos saludables. Lo ideal es que, a lo largo del día, al menos consumas tres piezas de fruta; distribúyelas como más te guste, pero trata de que estén presentes.

Por tanto, y para terminar de forma práctica, primero deberás pensar en cuál será la base vegetal de tu comida (que podrá estar en el primer plato o en ambos), y luego le podrás añadir la proteína y los carbohidratos, tanto a la verdura como mezclados entre sí. Veamos varios ejemplos en la tabla siguiente que te servirá de esquema para crear tus propios menús saludables.

		L	M	X	J	V	S	D
ALMUERZO	**Verdura**	Ensalada con sardinas y patatas asadas	Gazpacho	Crema de verduras	Aliño de tomate con orégano	Lasaña de verduras y soja texturizada	Noodles con verduras y pollo al curry	Ensalada Tortilla de patatas
	P + HC		Espinacas con garbanzos	Pollo con arroz integral	Paella de verduras y gambas			
	Postre	Pera	Naranja	Papaya	Fresas	Kiwi	Plátano	Uvas

		L	M	X	J	V	S	D
CENA	**Verdura**	Salteado de verduras	Revuelto de huevo y espárragos, pimiento y puerro	Crema de guisantes	Torta de maíz con lechuga, tomate, cebolla, aguacate, pollo y especias	Pizza integral casera con verduras, queso y atún	Ensalada completa con queso de cabra, arándanos y nueces	Coliflor con curry, sésamo y manzana
	P + HC	Tosta integral con hummus	Mazorca de maíz a la plancha	Dorada con boniato al horno				Acedías a la plancha
	Postre	Chirimoya	Manzana	Mandarina	Granada	Piña	Mango	Frutos rojos

Por supuesto, deberás elegir los alimentos en función de tus gustos, y las técnicas culinarias en función de tu tiempo y disponibilidad, pero debes saber que preparar un menú saludable para toda la semana no tiene por qué llevarte más de 3 horas en la cocina. Te animamos a probar a hacer tus propias planificaciones semanales y te dejamos este resumen con lo más importante.

Qué tengo que comer:

› Basa tu dieta en alimentos de origen vegetal (frutas, verduras, legumbres, tubérculos, cereales integrales, frutos secos y semillas).

› No hay ningún alimento imprescindible salvo la leche materna.

› Al menos la mitad del plato debe ser verdura, tanto cruda como cocinada.

› Consume 3 piezas de fruta al día como mínimo. Enteras, no en zumo.

› Elige siempre en este orden: sin procesar, poco procesado, procesado.

› Prioriza los cereales (trigo, arroz, etc.) en sus versiones integrales.

› La proteína vegetal (legumbres y frutos secos) puede ser consumida a diario y en mayor cantidad que la proteína animal.

› Los frutos secos sin sal, crudos o tostados antes que fritos o azucarados.

› Consume carnes blancas (pavo, conejo, pollo) y magras antes que rojas (cerdo, ternera) y procesadas.

› Alterna pescados blancos y azules.

› Elige una buena grasa tanto para consumir como para cocinar: aguacate, aceite de oliva virgen, frutos secos.

› El aporte principal de vitaminas y minerales procederá de frutas y verduras.

› Fomenta una mayor ingesta de grasas insaturadas que saturadas.

› No es necesario consumir azúcar libre, puesto que el cerebro es capaz de sintetizar la glucosa que necesita a partir de cualquier alimento.

› Elige lácteos sin azúcar o sin edulcorar, y huevos camperos o de numeración 3 como máximo.

› Incluye conservas de verduras y de pescado con límite de sal por debajo de 1 gr por cada 100 gramos de producto en tu despensa.

› La sal utilizada en cocina y para consumo habitual será sal yodada, con moderación.

> La bebida de elección siempre será agua.
> Evita consumir productos ultraprocesados y azucarados.

Planificación, organización, compra y cocina:
> Planifica semanal o quincenalmente las comidas.
> Ordena la despensa: consume antes lo más antiguo.
> Nunca vayas a la compra antes de comer.
> Lleva un listado a la compra y sé fiel a él.
> Practica más mercado y menos supermercado.
> Intenta comprar alimentos locales y de temporada.
> Realiza una compra consciente y sostenible.
> Prioriza técnicas culinarias como: horno, guisos, plancha, vapor o cocciones.
> Intenta cocinar varios platos al mismo tiempo y practica la cocina de aprovechamiento.
> Ten siempre preparado un stock de verduras a mano (en nevera o congelador).

Capítulo 7
Nadie dijo que fuera fácil, pero merece la pena

Cuando creíamos que teníamos todas las respuestas,
de pronto, nos cambiaron las preguntas.

Mario Benedetti

7.1. ¿Cómo empiezo? El camino de baldosas amarillas

En la película El Mago de Oz, de Victor Fleming, Dorothy (interpretada por la genial Judy Garland) debe seguir el camino de baldosas amarillas para llegar hasta Oz, el mago que la ayudará a volver a casa. En el camino la acompañan un león cobarde, un hombre de hojalata que se siente vacío y un espantapájaros con la cabeza llena de serrín. La moraleja de la historia, escrita por Lyman Frank Baum, es que es necesario que haya un equilibrio emocional y racional para afrontar nuestros miedos. Vayamos, pues, hasta Oz (el objetivo) por el camino de baldosas amarillas, teniendo en cuenta el corazón, el cerebro y el coraje.

Vamos a empezar este apartado con una pregunta que debes hacerte cada vez que sientas que algo no va bien: ¿quiero cambiarlo? Si la respuesta es sí, vamos con la pregunta dos: ¿qué puedo hacer para modificarlo?

A lo largo de los capítulos anteriores te hemos dado varias herramientas para que puedas identificar si tu relación con la comida está alterada y si estás dispuesto a dar el paso a modificarla. Ahora es el momento de pasar a la acción de verdad.

Lo primero que queremos transmitirte es que es fundamental

ir paso a paso. Sin prisa, pero sin pausa. Piensa en cuánto has tardado en llegar al punto actual; no puedes pretender cambiarlo en dos días. Si, por ejemplo, quieres perder 20 kilos, estamos seguras de que tu aumento de peso ha sido progresivo y no en un mes. Por tanto, no es lógico querer bajar de peso mucho más rápido de lo que se ha subido. Debemos ser conscientes también de que el camino tiene piedras, curvas y baches. No es una línea recta, ni una carretera recién asfaltada, y mucho menos con indicaciones evidentes y generales. Cada uno debe seguir su propio camino, sabiendo que este puede virar en cualquier momento y tenemos que saber adaptarnos a los giros y a las circunstancias sin perder de vista el objetivo. Esto es una carrera de fondo, compleja y que requiere un trabajo personal muy importante. ¿Estás dispuesto? ¡Vamos!

PASO 1. Para empezar, tienes que tener claro en qué punto estás actualmente (en todos los sentidos: alimentación, deporte, emociones, trabajo, descanso, etc.), y hacia dónde te quieres dirigir. Para ello tienes que *desaprender* muchas cosas para volver a aprender, de manera que los cambios que plantees sean duraderos y puedas mantenerlos en el tiempo. En este momento hay que pasar del QUIERO (idea o proyecto futuro) al PUEDO (implica acción en el presente).

PASO 2. Ya te hemos dicho que este proceso no es sencillo y es por ello por lo que te animamos a ponerte en manos de profesionales de la nutrición y la psicología (incluso de la actividad física) para que te acompañen en el camino y te ayuden a identificar y gestionar todo aquello que necesitas cambiar.

PASO 3. Ahora sí, ¡acción!
> **Definir bien el objetivo.** Para poder llegar a un punto, primero es necesario saber cuál es ese punto. El objetivo que te plantees debe cumplir una serie de parámetros, pues de lo contrario es más complicado de alcanzar.
> En primer lugar, te recomendamos que formules tus objetivos en positivo. Por ejemplo, "quiero empezar a hacer deporte"

en lugar de "no quiero ser tan sedentario". El lenguaje es un aspecto muy importante y debemos cuidarlo, por tanto, transforma en positivo todo aquello que te plantees en negativo.

En segundo lugar, debe ser acordado y no impuesto, lo que significa que lo ideal es que parta de ti, y no de un factor externo (¿recuerdas la motivación intrínseca?, pues algo así); es decir, que debe ser algo personal. Decir que quieres perder peso para tener buena salud es algo demasiado genérico que, además, puede querer decir cosas diferentes según la persona. En este caso habría que profundizar en el significado de la palabra SALUD en todos sus ámbitos. George T. Doran publicó en 1981 un artículo titulado "Hay una manera inteligente de escribir metas y objetivos en la Administración", cuyo objetivo era alcanzar objetivos de forma inteligente y eficiente. Es lo que se conoce como SMART (inteligente en inglés, pero que también utiliza como un acrónimo para definir cómo debe ser un objetivo). Aunque Doran lo enfocó al mundo de la administración y las finanzas, se puede extrapolar a cualquier área.

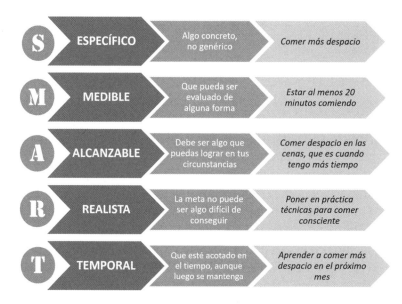

177

Por tanto, un objetivo se debe poder adecuar a los 5 puntos que tienes en la imagen: ser muy concreto, que pueda cuantificarse de alguna forma (y no tiene por qué ser el peso, puede ser una talla de ropa, el perímetro corporal, el grado de sensación de satisfacción, etc.), alcanzable y realista (recuerda que ponerse metas muy altas puede generar mayor ansiedad y frustración posterior de no conseguirlas), y que tenga un tiempo delimitado para realizarse, teniendo en cuenta que en nuestro caso el objetivo a cambiar deber perdurar en el tiempo una vez alcanzado.

Para poner en práctica la definición de objetivos específicos, te animamos a que completes la tabla con al menos 3 objetivos (no tienen por qué ser todos en relación a la salud). En cada uno de los apartados explica un poco si se ajusta a los puntos SMART.

	DEFINICIÓN	¿ESPECÍFICO?	¿MEDIBLE?	¿ALCANZABLE?	¿REALISTA?	¿TEMPORAL?
Objetivo 1						
Objetivo 2						
Objetivo 3						

> **Tomar consciencia**. A lo largo de los capítulos 5 y 6 hemos visto cómo empezar a tomar consciencia. Ahora que nos hemos puesto en acción, hagamos un repaso de algunos puntos importantes en relación a los objetivos que te has propuesto. Considerar los beneficios que puede aportarte el cambio de hábitos te ayudará a mantener la motivación, de la que hablamos en el capítulo 5. Analiza cuáles son los beneficios que crees que tiene cada una de las metas que te has propuesto; de todo tipo: físicos, emocionales, familiares, sociales, etc.

A continuación, hazte la pregunta que dará respuesta a tu motivación: "¿para qué quiero…? La motivación no solo es importante para iniciar el proceso de cambio, sino que hay que saber mantenerla en el tiempo, y tener claro que puede cambiar con el tiempo. En cualquier caso, debes reanalizar de forma periódica cuál es tu grado de motivación. Asociado a ella también puedes evaluar la importancia que le das a cada aspecto y objetivo (para ello, te animamos a que realices una lista de prioridades que te ayuden a saber en qué punto se encuentran tus objetivos) y el nivel de implicación que pones para alcanzarlo. Esto te dará una idea de por qué objetivo comenzar a trabajar, pues no siempre será posible y/o recomendable iniciarlos al mismo tiempo.

+++ ————————— ACTIVIDAD ————————— +++

	BENEFICIOS	NIVEL DE MOTIVACIÓN	IMPORTANCIA QUE TIENE PARA MÍ	IMPLICACIÓN EN CONSEGUIRLO
Objetivo 1				
Objetivo 2				
Objetivo 3				

El grado de motivación, importancia e implicación deben ir de la mano, de forma que lo ideal es que estén correlacionados. Si estás muy motivado por el objetivo 1, pero le das poca importancia y no te sientes en absoluto implicado en ponerlo en marcha, quizá debas replantearte el objetivo. A veces te puede ayudar tener tus objetivos a la vista. Por ejemplo, una foto que transmita la meta a alcanzar, una prenda de vestir que te quieres poner, o simplemente una frase en un lugar visible.

Por último, nos gustaría que hicieras un pequeño ejercicio sobre la transformación de hábitos no saludables que tengas actualmente en hábitos saludables. Piensa en qué rutinas de las que llevas a cabo en el día a día podrían mejorar y qué cosas están en tu mano (que pudieras empezar hoy mismo) para mejorarlas.

Hábitos no saludables	Hábitos saludables

> **Analizar los obstáculos y las habilidades que tenemos y que nos pueden ayudar en el proceso,** ¿qué cosas te están impidiendo dar el paso, o avanzar en cada uno de los objetivos? Y, por otro lado, ¿qué aspectos de ti mismo o de tus circunstancias son favorables? Imagina que has decidido llevar una alimentación más saludable y cuando lo pones en práctica, tu pareja se une a tu reto, participa en la preparación de las comidas, compra productos más sanos, etc. Esta sería una alianza que te puede ayudar. Por otro lado, si tienes un trabajo muy demandante y no dispones de tiempo para cocinar, este podría ser un obstáculo que te dificulte lograr tus metas. Conocer ambas cosas nos permite ser

	OBSTÁCULOS	HABILIDADES
Objetivo 1		
Objetivo 2		
Objetivo 3		

conscientes de las barreras y las oportunidades de que disponemos y así poder poner en práctica estrategias que nos permitan seguir hacia delante o bien que nos impulsen al cambio.

➤ A continuación, hagamos un **plan de acción**. Una vez tienes claros tus objetivos, estás motivado e implicado, son importantes para ti, y conoces tus barreras, es el momento de ponerse a ello. Un plan de acción no es más que una serie de pasos que implican actuar para conseguir un objetivo. Por ejemplo, los pasos a seguir para comer más verdura podrían ser: realizar una planificación semanal de comidas en la que, en cada toma, las verduras estén presentes; hacer una lista de la compra acorde a la planificación; ir a comprar al mercado; organizar la despensa para tener conservas de verduras y verduras frescas; preparar elaboraciones a base de verduras y hacer un stock de verduras para tener a mano; que en cada comida al menos la mitad del plato o más esté formado por verduras. Intenta que estos pasos sean a corto plazo, es decir, no hagas un plan de acción con el objetivo general, sino con objetivos específicos. ¿Cuál es tu plan de acción a corto plazo?

➤ Para terminar, es fundamental que **tengas presentes todos tus avances**. No te centres exclusivamente en la meta o en los fracasos que vayan ocurriendo por el camino; cada vez que encuentres una piedra, piensa en cómo la solventaste la última vez y en cómo has cambiado desde que empezaste hasta ahora. De esto hablaremos un poco más adelante.

Recuerda que realizar todos estos pasos puede requerir ayuda profesional, no lo olvides; los dietistas-nutricionistas y los psicólogos estamos aquí para ayudarte.

7.2. Mi vida social

Es muy probable que en algún momento te hayas preguntado: "vale, pero ¿qué hago cuando salgo fuera?" Ya hemos comentado que dejar nuestro entorno de lado no es una opción, por lo que tendremos que aprender a relacionarnos con él y adaptarlo a una vida más saludable. Si estamos en un proceso de pérdida de peso y pensamos que salir puede ser un impedimento, lo primero que debemos hacer es plantearnos por qué tenemos esa idea. Somos seres sociales y, como tales, no podemos ni debemos prescindir de nuestra relación con el entorno, aun cuando queramos perder peso o mejorar nuestra relación con la comida. ¿Serías capaz de no volver a salir con tu pareja, amigos o familia a comer fuera nunca más? ¿Te mereces no disfrutar de un día de playa por no comer fuera de casa? Recuerda que hablamos de cambiar tus hábitos, no de dejar de relacionarte con los demás o de disfrutar de tu tiempo de ocio. Por tanto, has de buscar un equilibrio, una forma de encajar las piezas que te permita, ahora, conseguir tu objetivo, y más adelante mantenerlo sin renunciar a tu vida. Sabemos que puede resultarte complicado: todo se mueve alrededor de la comida, pero se puede conseguir.

Veamos cuáles son las situaciones más habituales en las que el ambiente, principalmente social, gira en torno a la comida:

> **Comidas familiares**: cumpleaños, celebraciones, encuentros con la familia, comidas de fin de semana. En este sentido, hemos de tener en cuenta que desde que nacemos, nos relacionamos con nuestra familia alrededor de una mesa y de alimentos –comenzando con la lactancia materna, un fuerte vínculo emocional con la comida–, por tanto, ni es fácil romper esta asociación familia-comida ni queremos que lo hagas. Un estudio realizado por Berge et al (2015) concluía que comer en familia durante la adolescencia se asocia a una menor probabilidad de sobrepeso u obesidad en la edad adulta. Parece que, durante la infancia y adolescencia, comer en familia en lugar de, por ejemplo, en el comedor escolar, disminuye el riesgo de obesidad adulta. Sin embargo, en este caso no se trata de celebraciones, ni de cumpleaños o reencuentros, sino de las colaciones de mediodía que tienen lugar diariamente, sobre todo entre semana, a las que no se les suele dar

un carácter especial ni se suelen asociar a comidas sociales. En el caso de que esos reencuentros familiares estén debidos a celebraciones o incluso se realicen fuera de casa, la cosa cambia.

> **Eventos de trabajo.** A menudo nos encontramos pacientes que tienen eventos laborales (congresos, comidas de empresa con clientes, etc.), que no pueden prescindir de ellas y a los que les cuesta mucho gestionar esa situación. Por un lado, quieren comer bien, pero por otro, la presión del entorno ejerce una fuerza tal que al final sucumben a lo que, se supone, está socialmente bien visto: comérselo todo, beber vino, la copa de después, aprovecharse ya que invita el jefe, etc. También está el caso de personas que comen fuera a diario por horarios de trabajo y no pueden llevarse la comida de casa; aunque se trate de comer bien, puede resultar complicado realizar una correcta planificación y elección.

> **Uso de snacks como tentempié cuando estás fuera.** Es habitual abusar de aperitivos no saludables en situaciones en las que no tenías previsto salir. Las opciones que encontramos en la calle tampoco ayudan mucho, por lo que la tendencia es a comer mal en esta tesitura. Njike et al (2016) determinaron que el consumo de snacks puede contribuir hasta un tercio de la ingesta diaria de energía, aportando principalmente alimentos energéticamente densos y pobres en nutrientes, lo cual contribuye al aumento de peso.

> **Salidas fuera de casa.** Lo más normal es que cuando salimos a cenar, al cine, a un parque temático o a cualquier sitio que implique comer fuera de casa, las opciones saludables se reduzcan, y eso afecta a la probabilidad de elegir mal y de dejarse llevar por el entorno. Un estudio realizado en 2017 por Watts et al, concluye que el índice de alimentación saludable (HEI, del inglés Health Eating Index) era más bajo cuando se producía una mayor frecuencia de cenas de comida preparada o comidas con amigos fuera de casa. Por su parte, Cobb et al (2015) encontraron asociaciones directas entre la disponibilidad y la ingesta de comida rápida con la obesidad. Es decir,

que tener comida no saludable disponible incrementa el riesgo de aumentar de peso. En estos casos sí entra en juego la parte emocional y/o social. Como ya hemos comentado, el entorno es importante para nosotros, a nivel personal y a nivel comunitario: tratamos de buscar la aceptación en un colectivo, nos cuesta trabajo diferenciarnos y hacer cosas diferentes para no ser juzgados. También nos afecta el estigma social (en este caso de las comidas, por ejemplo: "¿no vas a comer postre? Anda ya, que no pasa nada"), y asociamos las comidas sociales al disfrute y a aprovechar para comer lo que no se come habitualmente, entre otros ejemplos. No queremos ser los bichos raros que piden ensalada y pollo a la plancha y a los que todo el mundo pregunte: "¿es que estás a dieta?". Casi nadie se plantea que querer comer saludable fuera de casa no siempre está relacionado con querer perder peso, y ese concepto pesa sobre nuestros hombros.

Todas estas situaciones, cuando una persona quiere modificar sus hábitos, son claros retos a los que se enfrenta constantemente, tanto por la presión social del "qué dirán" como por la dificultad de elegir bien entre tantas opciones insanas. El mero hecho de comer fuera ya se asocia a: comer comida diferente, comer más cantidad, tomar postre (y no suele ser fruta), beber alcohol, y a frases como "me merezco disfrutar", "por un día no pasa nada", "hoy es el día para comer de todo", "hoy sí beberé alcohol", "no pido agua porque van a pensar que estoy a dieta", etc.

Bien, suponemos en este punto que, dado que queremos dar un giro a nuestros hábitos, nos planteamos aprender a comer bien cuando salimos fuera. Antes de ponernos a ello, te recomendamos hacer el siguiente ejercicio. Anota en el cuadro de la izquierda de la imagen que tienes debajo las comidas que elegirías cuando comes fuera en el caso de que estuvieras "a dieta", y en el cuadro de la derecha, lo que elegirías si no lo estuvieras. Trata de incluir todo lo que se te ocurra (comida, bebida, café, postre, etc.).

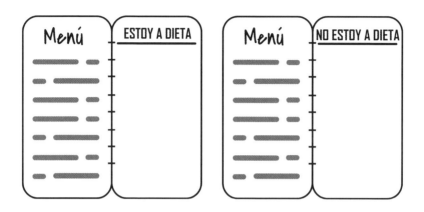

¿Son diferentes tus elecciones? Si la respuesta es SÍ, tenemos que trabajar en ello. Debemos tender a que ambas columnas sean muy similares, lo cual no implica que siempre tengan que ser idénticas. Es decir, el hecho de salir fuera no nos debe impedir seguir manteniendo nuestros hábitos saludables, aunque sin duda puedan cambiar algunas de nuestras elecciones. En este caso, debemos tener siempre presente la parte más consciente y tomar las decisiones valorando los pros y los contras. Y en esas decisiones se incluye la aceptación social. ¿Preferimos estar sanos o que piensen de nosotros que somos diferentes por no realizar las elecciones habituales que además son altamente calóricas? Pongamos un ejemplo muy habitual. Sales con amigos a tomar algo, ya has comenzado tu cambio de hábitos y decides beber agua porque ya no te apetece tanto tomar cerveza. Todos te preguntan si estás tomando medicación o –en el caso de que seas mujer–, si estás embarazada, una clara señal de la percepción que tiene la sociedad de beber alcohol, a lo que nosotras llamamos alcohol social. Respondes que no, que quieres cuidarte, estás cambiando tus hábitos y ya no te gusta tanto la cerveza o te gusta, pero prefieres hacer otra elección. Todos quedan asombrados, le quitan importancia a tu deseo de estar más saludable e incluso te dicen: "anda, ¿qué te va a pasar por una cerveza?" o "entonces, ¿cómo vas a disfrutar cuando salgamos?". En este ejemplo no hablamos del peso, solo de un pequeño gesto de salud que, como has podido ver, implica una desaprobación a nivel social o, cuanto menos, una sensación de discriminación dentro del colectivo que te hace sentir solo ante el peligro.

Con el tema del peso es aún peor. Según Marrodan et al (2013), en un estudio realizado a 9.294 españoles, la percepción del peso y la altura difiere de la realidad: nos vemos más delgados y altos de lo que somos realmente, por lo que tenemos una visión distorsionada del sobrepeso (subestimamos la obesidad), y además esto dificulta los tratamientos de pérdida de peso. Por otro lado, no le damos importancia a la relación alimentación-peso-salud; pensamos que los efectos de la alimentación sobre la salud son muy efímeros, principalmente porque no hay una consecuencia directa ni rápida. Y por todo ello, tendemos a no aceptar las decisiones de los demás si no son acordes a las "normas sociales" y mucho menos sin juzgar.

Por lo tanto, puede que comer bien fuera de casa no te resulte fácil. Pero se puede, y poco a poco parece que las cosas están cambiando. Sin embargo, la idea no es dejar de ir a los sitios a los que ibas cuando no te cuidabas, o alimentarte a base de pollo y ensalada cada vez que sales. El trabajo importante radica en aprender a relacionarte bien con la comida en cualquier contexto, gestionar la situación social y saber elegir lo más saludable y apetecible de la carta. Así que, vamos a ello.

Tips para comer fuera de casa de forma saludable

✓ Trata de llevar en el bolso o mochila algún tentempié saludable: frutos secos, frutas desecadas, fruta. De esta forma, si tu día se alarga y te pilla fuera de casa, podrás recurrir a ello en caso de que te entre hambre.

✓ Si sabes dónde vas a comer, trata de reservar para no tener que esperar; de esta forma llegarás con menos hambre y evitarás beber y picar antes de comer. En caso de no ser posible, no pasa nada, intenta esperar a estar sentado y pedir para empezar a comer. Recuerda ser flexible contigo mismo.

- ✓ Busca siempre algún plato de verdura, que no falte en la mesa, aunque sea para compartir.
- ✓ Piensa en tu sensación de hambre (real) y pide las cantidades acorde a ella. A veces, como ya hemos comentado, tener muchas opciones nos incita a pedir más y, como consecuencia, a comer más. En este caso, mejor que falte a que sobre.
- ✓ Si compartes, sírvete la cantidad que quieras comer de cada cosa en tu plato, así podrás saber cuánto has comido de cada una en lugar de ir picando de forma inconsciente.
- ✓ Intenta pedir que te sirvan las salsas o los aliños aparte, de forma que seas tú quien decida cuánto poner en la comida.
- ✓ Entre las técnicas culinarias de elección estarán los salteados, plancha, guisos, cocciones, etc. No se trata de no comer fritos, pues dependerá de cuál sea su frecuencia de consumo en general; pero hay que intentar no abusar de ellos.
- ✓ Elige la bebida. Nuestra recomendación es que preferentemente sea agua o agua con gas. Según el punto en el que te encuentres del proceso de cambio, podrá haber otras elecciones, en función de cómo lo estés trabajando con tu dietista-nutricionista. En cualquier caso, la tendencia debe ser a consumir la menor cantidad de alcohol posible, básicamente por tu salud.
- ✓ Si decides tomar postre, puedes optar por alguno que tenga fruta. Pero si ese día quieres comer una tarta o similar, puedes inclinarte por compartirla con alguien.
- ✓ ¿Café o infusión? Lo que prefieras, eso sí, añade la menor cantidad de azúcar o edulcorante posible, como vimos en el capítulo anterior.
- ✓ Los digestivos no son digestivos. El alcohol y la cantidad de azúcar que contienen, lejos de ayudarte a hacer bien la digestión, la dificultan y empeoran. Por tanto, si decides tomarlos, que no sea con esa excusa. Lo mismo ocurre con los cócteles. Por tu salud, cuanto menos alcohol, mejor. Te recomendamos recordar las actividades para disminuir las dosis que vimos en el capítulo 6.
- ✓ Por último, y el más importante, recuerda disfrutar. Comer saludable no implica comer de forma aburrida. Elige de forma consciente, presta atención a tu cuerpo, pon todos tus sentidos

en la comida y en el contexto, y deléitate en el momento. **Hay que disfrutar comiendo, no comer para disfrutar.**

7.3. La responsabilidad y el compromiso

"La persona que tiene obesidad tiene la culpa de su peso". Numerosas veces hemos escuchado esta afirmación en la sociedad y otras tantas las ocasiones en las que son las propias personas que vienen a consulta las que la verbalizan (autoverbalizaciones). ¿Cuánto de verdad hay en esto? Si viviéramos en una burbuja, si realmente en vez de seres humanos influenciados por la sociedad y nuestro desarrollo de vida, fuésemos personas que creceríamos sin influencias, podríamos quizás hablar de "culpa". Sin embargo, incluso en este ejemplo, estaríamos olvidando el componente fisiológico y/o genético de la obesidad del que ya hemos hablado en el capítulo 2.

La realidad es muy distinta; como venimos viendo a lo largo de toda esta lectura, son muchos los factores e influencias a los cuales está sometida una persona que padece obesidad, por tanto, hablar de culpa, no nos trae más que emociones negativas y conflictos internos que posteriormente tendremos que trabajar a nivel psicológico. Te animamos a hablar de RESPONSABILIDAD. Somos responsables de nuestras acciones, pero podemos necesitar ayuda para comprender qué otras influencias ejercen poder en nuestra conducta y para saber cómo gestionarlas de forma más adecuada.

Responsabilidad y compromiso van unidos. Lo primero que debemos tener en cuenta es cuáles son las responsabilidades que consideramos que tenemos en referencia a nuestra salud. El motivo de que este aspecto tenga tanto peso en el tratamiento es porque si me siento responsable significa que también tengo en mis manos la posibilidad de crear un cambio. **Analizar las situaciones de salud en las cuales la persona se siente responsable es algo prioritario en las sesiones de psiconutrición.**

En segundo lugar, desde la consulta de psicología trabajamos las influencias externas en esas conductas de salud, de las cuales nos sentimos responsables, y analizamos la posibilidad de acción individual en dichas influencias. Posteriormente, trabajamos el compromiso. El compromiso es lo que nos va a permitir trazar un plan de tratamiento a nivel conductual, es decir, cambios y acciones que la persona se compromete a realizar en el próximo tiempo. ¿Con quién se compromete la persona que decide mejorar su relación con la comida?, ¿con el profesional? Esperamos que tu respuesta haya sido ¡no!, y si no es así presta mucha atención a las siguientes líneas.

La persona se compromete con ella misma. El profesional, sea de la psicología o de la nutrición, se convierte en un acompañante, un guía que le ayuda en cada campo a nivel de educación o de intervención; pero en ningún momento se convierte en la figura sobre la cual recae el compromiso de la acción. Si bien es cierto que el profesional también tiene parte de responsabilidad y adquiere un compromiso con su paciente como parte del equipo en psiconutrición.

Centrándonos en el compromiso en uno mismo, no se trata de un compromiso "todo o nada"; los pensamientos dicotómicos limitan nuestros pasos al provocarnos sentimientos decepcionantes y frustraciones cuando no logramos llegar al extremo que hemos idealizado. Se trata de un compromiso conmigo y con mi autocuidado. "Cuidarse" implica comprensión, respeto por uno mismo y una de las cosas más importantes y a la vez más complicadas de cumplir: encontrar espacio en mi día para esas conductas de autocuidado. ¿Por qué son tan importantes estas conductas de autocuidado? Como hemos visto a lo largo de los distintos capítulos, la rapidez de la rutina en la cual nos encontramos diariamente, y las cargas con las cuales llenamos nuestra maleta, hacen que ocupemos nuestro tiempo con obligaciones, compromisos y atención a numerosas personas y situaciones. Esto, en muchos casos, provoca que el mirarnos a nosotros mismos y prestar atención a nuestras necesidades quede en último lugar. Por ello, es importante comprometernos a tenernos presentes, limitar un espacio para cuidarnos. Cuando pensamos en realizar esta conducta, suele venir acompañada de un sentimiento de egoísmo. Es habitual, que, al dedicar un espacio en tu vida para ti, sientas que estás desatendiendo o quitando tiempo a otras responsabilidades. Generalmente, si esto ocurre, significa que durante mucho tiempo se han asumido responsabilidades y cuidados de los demás de forma que la propia persona queda olvidada. Eso significa que tienes que permitirte tiempo para adaptarte a esta nueva situación en la cual no acudes velozmente a todas las demandas, y donde a veces tienes que decir NO. Ten paciencia contigo mismo si esto te ocurre, y ofrécete la oportunidad de explorar esta nueva opción.

Volvamos al compromiso. ¿Cómo podemos trabajarlo? Una opción que a nosotras nos parece muy útil en consulta son las cartas de compromiso a dos niveles, es decir, por un lado, una carta de compromiso a nivel nutricional y por otro lado a nivel psicológico, ya que los objetivos en ambos campos difieren. Esta carta se la queda la persona para poder releerla en esos momentos en los cuales se nos olvidan nuestras responsabilidades con nosotros y nuestra salud. Te invitamos a comenzar este camino de compromiso contigo mismo con una carta generalizada donde reflejes los primeros pasos que te atreves a dar (recuerda, pasos sencillos que no supongan un gran cambio al comienzo).

Si continuamos hablando sobre compromiso, hay una palabra muy importante que nos gustaría que se incluyera en tu vocabulario tanto si eres una persona que intenta comprender su relación alterada con la alimentación como si eres profesional en este campo. La palabra es FLEXIBILIDAD.

En los tratamientos para el cambio de hábitos, en obesidad y en atracones, es muy común caer en patrones estrictos, que como hemos ido viendo tienen unas consecuencias negativas en nuestra relación con la comida y con nosotros mismos. Por ese motivo, la flexibilidad es nuestra mejor herramienta para huir de los ciclos restricción-atracón o control-descontrol. ¿Qué es, concretamente, la flexibilidad? Flexibilidad es escucharte, adaptarte, permitirte, comprenderte y sobre todo, aceptar tu humanidad. No somos robots y no podemos actuar como si lo fuéramos, ningún día de nuestra vida es exactamente igual a otro y por tanto carece de sentido crearnos patrones estrictos de funcionamiento sobre los cuales debamos funcionar.

Recopilando: Responsabilidad, compromiso y flexibilidad son

tres palabras que creemos necesarias incluir en nuestro vocabulario cuando hablamos de conductas de salud relacionadas con la obesidad y las alteraciones alimentarias. Te invitamos a escribirlas en tres pósit y colocarlas en un lugar visible para ti. Si eres profesional en este campo, no olvides incluirlas en los tratamientos para lograr una mejor adaptación a un cambio de hábitos y una adecuada salud mental.

Como vemos, el respeto hacia nosotros mismos y escuchar nuestro cuerpo y nuestra mente nos da las llaves para recorrer el camino de forma correcta. Por ese motivo, es especialmente importante hablar de autocuidado y de autoestima cuando nos centramos en este proceso, y algo que nos aleja de esto es centrarnos en el PESO. A lo largo del capítulo 5 hemos visto cómo el hecho de enfocar el cambio en "bajar de peso" como un dato numérico aislado, nos hace trabajar desde un control externo, con las consecuencias que esto puede tener. Además, si trabajamos hacia un compromiso por nuestra salud, desfocalizarnos de "el peso" cobrará aún mayor importancia. Veamos con un ejemplo sencillo:

Situación: Durante esta semana, Francisco ha logrado realizar cambios en su alimentación incrementando el consumo de verduras e incluso ha cocinado en alguna ocasión algo que era un gran reto para él. No ha podido realizar deporte ya que la situación laboral le impide encontrar huecos para ello, priorizando en su tiempo libre otras acciones. Al venir a consulta, Francisco no ha bajado de peso.

¿Cómo valoramos esta situación?

Si el objetivo de Francisco recaía en la bajada de peso comprometiéndose con bajar 1 kilo a la semana y responsabilizándose con un cronograma de rutina de deporte y alimentación para cumplirlo, Francisco sentirá que, al no reducir ese peso, la semana ha sido un fracaso, afectando a su motivación y sentimiento de capacidad posteriores. Si, por el contrario, el compromiso de Francisco recaía sobre los cambios que iba a introducir en la rutina, reforzamos dichos cambios que se han realizado a través de una responsabilidad con él y su salud, y de esta forma vemos que ha incrementado las verduras y cocinado algún día como gasolina para continuar su camino de autocuidado. Así pues, recargaremos las energías para continuar trabajando, lo cual nos permitirá ayudar a Francisco a establecer una rutina de deporte que se adapte a sus intereses y capacidades y que se establezca desde el disfrute y respeto al cuerpo, y no desde la obligación y exigencia.

Os dejamos algunas preguntas básicas que os pueden servir para comenzar a explorar este aspecto:

- ▸ ¿Qué es lo más importante para mí relacionado con mi salud?
- ▸ ¿Qué es lo que me resulta más complicado de lograr cuando pienso en cuidarme?
- ▸ ¿Qué grado de compromiso siento que tengo con mi autocuidado?

7.4. Conservar el equilibrio

Si has llegado hasta este punto es que estás en el camino de lograr tu objetivo de cambio de hábitos. Pero el objetivo en sí mismo no termina aquí. **La meta principal es mantener a largo plazo los cambios que has logrado, lo que indicará que los has incorporado en tu día a día como un estilo de vida.** Y, en este sentido, consideramos muy importante abordar el concepto de "dieta de mantenimiento". Si ya has reflexionado sobre el significado de la palabra DIETA, habrás comprendido que las connotaciones que tiene suelen ser negativas y temporales. Es decir, se tiende a pensar que durante el proceso de cambio se pueden comer unos alimentos y no otros, y que una vez finalice, se puede retomar la alimentación anterior. Por ejemplo, eliminar los hidratos de carbono (pan, pasta, arroz, cereales, etc.) mientras se está perdiendo peso y, una vez lleguemos a la fase de "mantenimiento", se vuelven a incorporar. Tenemos que desmentir esta dicotomía. No se trata de dejar de comer, sino de reestructurar las cantidades y proporciones. Desde el punto de vista fisiológico, si dejamos de ingerir determinados nutrientes como los carbohidratos durante un periodo de tiempo, ciertamente al principio nuestro metabolismo se verá modificado y veremos una pérdida de peso más acusada, pero si mantenemos esta pauta durante varios meses, el organismo terminará por adaptarse a ello y la pérdida de peso ya no será tan eficiente, aun no consumiendo ningún alimento rico en este nutriente. Por tanto, cuando lo volvamos a incorporar, cosa que suele hacerse tras llegar al objetivo de la báscula, la probabilidad de aumentar de peso será mayor. De ahí que ya hayamos comentado la importancia de no restringir ni prohibirnos alimentos, sino aprender a comerlos en las cantidades, proporciones y frecuencia adecuadas. Para nosotras no existe una "dieta de mantenimiento" porque el mantenimiento es parte del proceso, y la forma de comer o los hábitos adquiridos (descanso, gestión emocional, actividad física, etc.) deben estar presentes en ese mantenimiento y durante todo el camino. Nos gustaría que hicieras la siguiente reflexión: si empiezas a consumir un alimento (por ejemplo, verduras o legumbres) durante la pérdida de peso porque es más saludable, ¿por qué lo abandonas pasado un tiempo? ¿es que deja de ser saludable si tu peso es más bajo? O si te sientes bien haciendo deporte, ¿por qué dejas de hacerlo? Recuerda que **el número del peso no va siempre ligado a la salud, pero unos hábitos de vida adecuados sí**.

Por otro lado, el hecho de pensar en cambios a largo plazo o en mejorar nuestra relación con la comida si comemos de forma compulsiva, nos puede generar cierta ansiedad porque nos pasen por la cabeza frases como: "nunca más podré comer dulces". ¡Cuidado! No debemos ser estrictos, volvemos a las prohibiciones de las que ya hablamos en el capítulo 4. Debemos pensar que lo importante es lo que hacemos de forma habitual, sin que eso suponga hacer un mal uso de la palabra ocasional. ¿Qué queremos decir con esto? Pues que, a veces, cuando pensamos que podemos comer determinados productos de forma ocasional, no definimos bien a qué frecuencia de consumo nos referimos. Por ejemplo: se pueden tomar dulces, alcohol, chucherías, refrescos, snacks, productos procesados o comida rápida de forma ocasional. Pero si el lunes se bebe un refresco, el martes se va a la hamburguesería, el miércoles se toma una cerveza, el jueves las patatas chips, el viernes una pizza precocinada, el sábado comes chucherías en el cine y el domingo una tarta en la merienda, al final, todos los días de la semana has

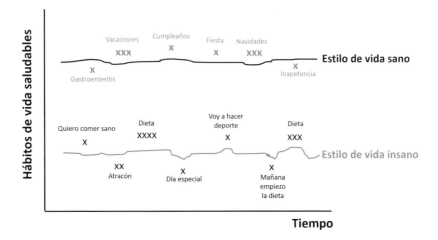

incluido algún producto no saludable. Por tanto, la frecuencia ya no es ocasional, sino diaria. Cuando hablamos de consumo ocasional nos referimos al conjunto de todos los productos insanos. Si una persona lleva una vida saludable, porque coma peor en Navidades, en un cumpleaños o en una fiesta, no dejará de estar sana, pues su estilo de vida sigue en la misma línea. De la misma forma, si alguien lleva una vida poco saludable, el hecho de que durante unos meses coma mejor o haga deporte no mejorará su salubridad.

Para mantener el equilibrio en lo que se refiere a la salud, necesitamos abordar principalmente 4 aspectos: el equilibrio alimentario, la gestión emocional, el descanso y la actividad física. Dado que de las dos primeras ya te hemos dado numerosas herramientas con las que empezar a trabajar, a continuación te daremos unos consejos para tener un descanso adecuado y para incorporar la actividad física en tu día a día.

Tips para descansar mejor

✓ Duerme suficiente cada día, dedicando al menos 8 horas al descanso.
✓ Crea un ambiente agradable y tranquilo antes de dormir y durante el sueño. Cuida el lugar donde tengas la cama, generando

un espacio que te transmita calma y serenidad.

✓ Evita el uso de pantallas en las horas previas a irte a la cama; la emisión de luz azul activa el cerebro, haciéndole creer que es de día, lo que retrasa la secreción de melatonina (la hormona que induce el sueño), generando dificultades para dormir e impidiendo que tengas un buen descanso al alterar los ritmos circadianos.

✓ En este sentido, trata de exponerte a la luz solar durante el día para favorecer dichos patrones cíclicos día-noche.

✓ Utiliza música relajante si te sientes alterado o tienes dificultades para conciliar el sueño.

✓ Practicar yoga, pilates o meditación te puede ayudar a sentirte más sereno y tranquilo a lo largo del día, lo cual favorecerá el descanso.

✓ Evita hacer actividad física intensa en las dos horas previas al sueño, pues el ejercicio activa el sistema nervioso. Sin embargo, el Observatorio Global del Sueño establece que la práctica habitual de ejercicio físico promueve un sueño saludable ya que disminuye el estrés y produce cansancio físico. De hecho, un buen descanso (en cantidad y calidad) se asocia a mayor longevidad.

✓ No escuches la radio o la televisión mientras te estás durmiendo o estás dormido, pues el estímulo auditivo mantiene tu cerebro activo y no le permite descansar.

✓ Evita consumir productos estimulantes por la tarde-noche: cafeína, alcohol, nicotina, etc. Sus efectos estimulantes pueden durar hasta 8 horas, generando estados de sueño más ligeros y favoreciendo los despertares nocturnos una vez que desaparecen sus efectos.

✓ Trata de no hacer comidas copiosas ni muy pesadas justo antes de irte a dormir.

✓ Intenta mantener unos horarios regulares para que el organismo se adapte a ellos.

✓ Te recomendamos no realizar actividades intelectuales previas a la hora del sueño; nuestro cerebro también necesita relajar la capacidad de atención. Llena tu noche de hobbies que te permitan desconectar de tus rutinas habituales.

Antes de comenzar, debemos distinguir entre actividad física y ejercicio físico. En palabras de la OMS (Organización Mundial de la Salud), se considera actividad física a "cualquier movimiento corporal producido por los músculos esqueléticos que exija gasto de energía", mientras que el ejercicio físico es "una variedad de actividad física planificada, estructurada, repetitiva y realizada con un objetivo relacionado con la mejora o el mantenimiento de uno o más componentes de la aptitud física". Dicho esto, veamos qué podemos hacer para estar más activos e incorporar el ejercicio físico en nuestra rutina diaria.

✓ Levántate activo, con energía y vitalidad. Para ello será necesario un buen descanso.

✓ Trata de permanecer el menor tiempo posible sentado. Si tienes un trabajo sedentario, intenta levantarte cada hora y dar un pequeño paseo de 5 minutos, subir y bajar escaleras, etc.

✓ Elige siempre las escaleras en lugar del ascensor o las escaleras mecánicas: en casa, en el trabajo, en un hotel, en el cine, en el metro, etc.

✓ Si puedes sustituir el coche por la bicicleta o por caminar, ¡mejor que mejor! Igual no tardas más o la diferencia de tiempo no es significativa. En caso de que no puedas, trata de aparcar el coche un poco más lejos de tu destino y caminar un poco; y si vas en bus, prueba a bajarte una parada antes de lo habitual.

✓ Busca actividades lúdicas que impliquen movimiento como bailar o hacer senderismo.

✓ Crea tu propia rutina de ejercicios con ayuda de un profesional cualificado de la actividad física y el deporte. Puedes empezar por 15 minutos e ir aumentando poco a poco. La OMS recomienda practicar al menos 150 minutos de actividad física aeróbica moderada a la semana (60 minutos al día en niños) y 2 veces por semana actividades de fuerza.

✓ Planifica muy bien tu semana para incorporar el tiempo de

ejercicio. No te pongas metas muy altas ni seas demasiado exigente contigo mismo. Debes permitirte fallar o incluso tener tus descansos comodines (días flexibles que programemos para el descanso), es decir, que si, por ejemplo, me he organizado 4 días de actividad en la semana, tengo 3 descansos comodines que puedo usar según las dificultades que encuentre para realizar la actividad cada día. Quizás un día tengo una cita médica y gasto uno de mis descansos comodines, otro día he quedado con unas amigas, etc.

✓ Ve modificando, con ayuda profesional, el tipo de ejercicios en función de tus avances y progresos, de tus gustos y de aquello con lo que te sientas más cómodo. Prueba con ejercicios grupales e individuales, quizá alternarlos te ayude.

✓ Lo más importante será tener claro la importancia de la actividad y el ejercicio físico en la salud, la prioridad que se le otorgue, que sea fácil de incorporar en el día a día (tanto a nivel personal como social) y, sobre todo, que te guste. Como veíamos en el ejemplo de Francisco.

7.5. Las recaídas

Para comenzar este apartado debemos recordar las etapas del cambio de Prochaska y Diclemente (1986) que vimos en el capítulo 6. Si recuerdas, la recaída era nombrada como parte del tratamiento y se considera algo que puede ocurrir tanto si estamos cambiando nuestros hábitos como si trabajamos para mejorar nuestra relación con la comida. Es más, nosotras consideramos de mejor pronóstico un tratamiento en el cual se ha vivido como mínimo una situación de recaída y se han podido trabajar los recursos para volver a comenzar el proceso, en comparación con alguien que lleva un tiempo en tratamiento sin que haya ocurrido una situación de recaída.

Lo más habitual es asociar recaída a fracaso. Es muy común que nos aparezcan pensamientos del tipo "ahora tengo que empezar por el principio", "no han servido de nada estos meses", pero estos pensamientos se alejan de la verdadera realidad. Todo el aprendizaje a nivel psico-educacional, nutricional o el trabajo personal realizado está en nosotros; es decir, una recaída sería algo así como montar en una atracción de feria, marearte muchísimo y sentir que no sabes andar, sin embargo, cuando logras centrarte de nuevo puedes caminar sin ningún problema, pues no has perdido esa capacidad, simplemente te sientes incapaz de ponerla en práctica durante un tiempo. La clave está en "centrarnos de nuevo". Pongamos un ejemplo:

María lleva unos meses cambiado sus hábitos, tenía situaciones de ingesta compulsiva cada vez que había un problema en su oficina y ella no se sentía capaz de expresar su opinión. Después de estos meses de trabajo, María ha comprendido mejor cómo funciona en esta situación y ha logrado mejorar su caja de herramientas con nuevos recursos para afrontar sus emociones, aunque aún continúa el aprendizaje sobre ella misma. A nivel nutricional ha comprendido que las restricciones fomentaban su ansia por la comida y esto la ha ayudado a mejorar sus elecciones alimentarias, sabiendo identificar mejor y leer las etiquetas mirando más allá de las calorías. Últimamente en la oficina los días están siendo complicados, ha aumentado el volumen de trabajo y por tanto la sobrecarga de María; a pesar de intentar poner en marcha sus conductas de autocuidado, el estrés diario le ha llevado a olvidar alguna de sus rutinas y a optar por elecciones alimentarias de mayor rapidez. El último día que María fue a la oficina, no paraba de pensar en comida, exactamente en el bollo de chocolate que tanto le gusta, y también en una palmera y en unas galletas que compraba cuando solía llegar agobiada a casa. Ese día María fue directa al supermercado y compró lo que buscaba para comerlo de camino a casa, sin embargo, algo fue distinto esta vez: al llegar a casa, aún quedaban algunos envases sin abrir y el trayecto de guardar el coche y subir a su vivienda le permitió tomarse unos minutos para comprender lo que estaba ocurriendo: había comido de forma compulsiva de nuevo.

En este punto, suele haber dos caminos:
> **Camino 1**: la culpa comienza a apoderarse de los pensamientos de María, comenzando también el oleaje de autocríticas

y la sensación de "ya la he fastidiado otra vez, no valgo para nada". Toda esta frustración probablemente termine con una gran restricción (ya conocemos lo negativo de esto) o con una nueva situación de comer compulsivamente basada en "ya que la he fastidiado, qué más da, no podré lograrlo igualmente".

Como vemos, en esta opción el ciclo comienza y la recaída no ha sido orientada de forma adecuada, pudiendo volver a las conductas anteriores de forma cíclica y siendo necesario comenzar como si nos encontráramos en la etapa de cambio de pre-contemplación. A pesar de ello, los conocimientos no han sido olvidados y el aprendizaje sobre nuestro interior aún menos; por tanto, ni siquiera en este caso partiríamos de la misma base que al comienzo.

> **Camino 2**: en este caso María observa sorprendida que se ha dado cuenta de lo ocurrido antes incluso de lo habitual (habitualmente en casa continuaba comiendo de esa forma). Es cierto, ha ocurrido una situación de comer compulsivo, pero María analiza la dura semana de trabajo y comprende que, como había hablado con sus profesionales, esto formaba parte del proceso. Intenta dar a su cuerpo y a su mente lo que verdaderamente necesita y continúa en la medida de lo posible con su rutina diaria sin que esta situación implique una gran desorganización de la cena que tenía prevista (aunque hace pequeños ajustes de forma flexible) ni una restricción para el próximo día.

En esta segunda opción, María necesita parar, analizar lo ocurrido y comenzar su nuevo recorrido por las distintas etapas. Este recorrido lo hace de forma distinta, ya que como venimos señalando, el aprendizaje queda en ella y puede ir haciendo uso de sus recuerdos para avanzar en el proceso de nuevo. María en este ejemplo se ha levantado de su caída, pero para ello ha necesitado prestar atención a la misma, desde el aprendizaje sin centrarse en juicios críticos.

Como conclusión hay que destacar la importancia de tener presente la "recaída" desde el comienzo. Será parte de nuestro recorrido y por ese motivo tenerla en cuenta nos ayudará a prepararnos para poder levantarnos de la misma y continuar. No tengas miedo a que la opción exista, hazla presente e incluso analiza qué situaciones, acontecimientos o emociones pueden hacer tambalear tu estabilidad. Una vez hagas presente estas situaciones, puedes visualizar distintas formas de afrontarlas para así preparar tu caja de herramientas con muchos más recursos y aumentar la seguridad en ti mismo. Recuerda, a pesar de tener numerosos recursos podemos caernos, somos seres humanos, no robots. Te invitamos a realizar el siguiente ejercicio de reflexión que pueda ayudarte en este camino y recuerda que puedes ampliarlo tantas veces como sea necesario.

Mi primera recaída	Mi segunda recaída	Mi tercera recaída
Aprendizaje	Aprendizaje	Aprendizaje
Emociones	Emociones	Emociones

Capítulo 8
Si eres profesional,
eres un pilar fundamental

Si quieres cambiar el mundo, cámbiate a ti mismo.
Mahatma Gandhi

8.1. Cómo llegar mejor al paciente

Hasta este punto nos hemos dirigido especialmente a todas aquellas personas que están buscando cambiar su relación con la comida y mejorar sus hábitos de salud. Queríamos dedicar un capítulo expresamente a los profesionales de la salud que trabajan en este ámbito, pues consideramos que son un pilar imprescindible en este proceso. En este sentido, es fundamental que, como profesional, cambies también tu manera de enfocar los problemas relacionados con el peso y las alteraciones alimentarias, pues de lo contrario seguiremos poniendo tiritas en lugar de curando heridas.

Para empezar, hemos querido tratar un aspecto muy importante que suele generar dificultades en la consulta: la adherencia del paciente. Para mejorar esta adherencia necesitamos conocer cuatro aspectos básicos: 1) la comunicación y el lenguaje, 2) los estilos de aprendizaje, 3) la entrevista motivacional y 4) el trabajo interdisciplinar.

1. Comunicación. En primer lugar, debemos tener en cuenta cómo funciona la comunicación, pues en la consulta se produce un proceso comunicativo al 100%. La comunicación es la transmisión de señales mediante un código común entre emisor y receptor, donde se produce una acción consciente de intercambio de información con el fin de enviar y recibir información. Dicho código es el lenguaje, definido como la expresión del pensamiento mediante palabras. Nuestro cerebro piensa en imágenes, transforma lo que verbalizamos en representaciones gráficas y viceversa. Bien, pues la comunicación en la que se basa el lenguaje puede ser de dos tipos: verbal (consciente), que sería básicamente oral o escrito, y no verbal (inconsciente), que son gestos, imágenes, colores, miradas, sonidos, expresiones, etc. Y aunque nos parezca que el lenguaje verbal es el más importante, el significado de lo que decimos procede en un 35% del lenguaje verbal y en un 65% del no verbal. Según Roman Jacobson (1960) es importante saber para qué sirve comunicarse, describiendo las 6 funciones principales del lenguaje: expresiva, apelativa, metalingüística, referencial, fática y poética. Cuando utilizamos el lenguaje verbal permitimos que el pensamiento se contextualice y se verbalice, de forma que aprendemos según verbalizamos; es un mecanismo de asociación. Para comunicarse de forma eficaz a través del lenguaje verbal, debemos dominar las 4 competencias básicas del lenguaje.

Noam Chomsky describió la competencia lingüística como la capacidad de emitir enunciados correctamente, es decir, que las frases estén bien estructuradas. La competencia sociolingüística hace referencia a la capacidad de emitir y entender expresiones en diferentes contextos. Por su parte, la discursiva implica saber captar o elaborar textos con sentido coherente y adaptados a cada persona (es decir, a su comprensión). Y, finalmente, la competencia estratégica supone disponer de estrategias de comunicación que compensen las limitaciones de forma que sea más efectiva. Como profesional es fundamental que conozcas las competencias de la principal herramienta que utilizas en tu día a día: el lenguaje verbal.

Por otro lado, el lenguaje no verbal es decisivo en la comunicación, pues no solo aporta gran cantidad de información, sino que nos ayuda a contextualizar el mensaje emitido a través del lenguaje verbal. Como hemos comentado, al ser inconsciente es subjetivo, y por ello está sujeto a interpretación (por parte del receptor), lo que a su vez implica que no siempre el mensaje enviado corresponde con el recibido. Esta interpretación está influida por el contexto, la cultura o las circunstancias. En cualquier caso, nos da mucha más información que el verbal, y la complementa. Debemos ser conscientes de que nuestro cuerpo está emitiendo información constantemente a través del lenguaje corporal, lo que nos permite obtener datos muy valiosos del paciente.

Existen 7 canales de comunicación no verbal:

›   **Expresión facial**. En muchas ocasiones representa las emociones.
›   **Gestos**. Relacionados con la cultura. Investigaciones recientes asocian ciertos gestos con un origen genético.
›   **Postura**. La posición del cuerpo puede indicarnos el estado emocional o la predisposición a la acción: aceptación o satisfacción (posturas expansivas); negatividad o pasividad (posturas de contracción). Te recomendamos que en consulta uses posturas expansivas, facilitando la comunicación a la persona que te visita. Así mismo, algunos estudios apuntan que la postura podría influir en la secreción hormonal, de forma que en

función de nuestra posición se podría favorecer la sensación de bienestar o tranquilidad.

> **Apariencia**. El aspecto también es fuente de información (edad, cultura, profesión, gustos, etc.). La primera impresión puede ser importante, pero no siempre es real. Por ejemplo, llevar bata puede estar relacionado con una sensación de persuasión o superioridad.

> **Háptica**. Estudio del tacto y de cómo influye en las relaciones y la conducta. Podemos acercarnos más o menos al paciente (tocarle el hombro o la mano) según el efecto que deseemos conseguir en él.

> **Proxémica**. Muestra la cercanía o lejanía con el paciente: espacio entre el paciente y el profesional. La distancia puede ser mínima (a menos de 45 cm), personal (45-120 cm), social (más de 120 cm) o pública.

> **Paralenguaje**. Es un indicador emocional que hace referencia al volumen, al tono de voz, a la velocidad, etc. Por ejemplo, hablar en un tono más bajo o decaído puede indicarnos tristeza; los tonos agudos se asocian a menor credibilidad. También debemos tener en cuenta que no hablar también es comunicar, y en este sentido tenemos que aprender a respetar los silencios en consulta.

> **Oculéxica**. Recientemente se ha descrito un nuevo canal que está presente en el resto de ellos y que hace referencia al valor que el tiempo que dedicamos al paciente o la mirada que tenemos, tiene en la comunicación no verbal.

Es muy importante que lenguaje verbal y no verbal concuerden entre sí, y si no lo hacen debemos ser conscientes de ello, pues nos aporta información de gran valor. Por ejemplo, si un paciente nos está escuchando con una expresión de ceño fruncido (como si no entendiera lo que le estamos explicando) y luego nos dice que le ha quedado claro, quizá sería conveniente profundizar un poco más, pues es posible que no lo haya comprendido bien.

Por tanto, no olvidemos que hablar es más que unir palabras, escuchar es más que oír a la persona que tenemos en frente y comunicar es mucho más que enviar y recibir datos.

2. Estilos de aprendizaje. En segundo lugar, vamos a hablar de los estilos de aprendizaje. En 1995 Howard Gardner publicó su libro "Inteligencias múltiples", donde describe su teoría sobre la existencia de 8 tipos de inteligencias, haciendo hincapié en que la inteligencia implica diferentes ámbitos y habilidades y cada persona tiene más desarrollada una u otra, aunque poseemos un poco de todas ellas.

LÓGICO-MATEMÁTICA	LINGÜÍSTICA	ESPACIAL	MUSICAL
• Razonar y resolver problemas matemáticos • *Académicos o científicos*	• Dominar el lenguaje y comunicarse • *Políticos o periodistas*	• Observar desde distintas perspectivas • *Artistas o creativos*	• Interpretar y componer música • *Músicos*

CINESTÉSICA Y CORPORAL	INTRAPERSONAL	INTERPERSONAL	NATURALISTA
• Expresar sentimientos a través del cuerpo • *Actores o bailarines*	• Comprender y controlar las emociones	• Detectar e interpretar las circunstancias de los demás, empatizando	• Distinguir y detectar aspectos asociados a la naturaleza

Muy ligados a las inteligencias múltiples se encuentran los estilos de aprendizaje, que no son más que la forma que cada uno tiene de aprender, de forma más sencilla, recurriendo a estrategias diferentes. Según Jean Piaget (1964), "el alumno o receptor de la información es el motor de aprendizaje en función de su propia experiencia", es lo que se conoce como constructivismo. Por ejemplo, si en la consulta de nutrición utilizas materiales prácticos que permitan al paciente realizarse un menú, la experiencia de haber sido él quien lo ha diseñado favorecerá el proceso de aprendizaje.

Por su parte, Albert Bandura (1982) desarrolló la teoría del aprendizaje social, basada en la imitación, como es por ejemplo el caso de los niños. Si queremos que un paciente de 6 años coma verduras, deberemos trabajar con los padres para que ellos también lo hagan a fin de que su hijo imite conductas saludables. Existen 4 estilos de aprendizaje básicos (destacados a continuación en cursiva), a los que posteriormente se han unido otros.

> *Pragmático*. Son muy prácticos y necesitan corroborar sus ideas. Buscan siempre respuestas.
> *Reflexivo*. Son observadores y analizan los datos con cautela antes de obtener conclusiones.
> *Teórico*. Son racionales y analíticos. Integran y sintetizan la información para dar respuesta a las preguntas.
> *Activo*. Se muestran abiertos a cosas nuevas y les suelen gustar los retos.
> Visual. Asimilan imágenes y símbolos, y tienen memoria fotográfica.
> Auditivo. Aprenden escuchando.
> Verbal. Aprenden leyendo o escribiendo.
> Cinestésico. Son los que necesitan poner en práctica cualquier cosa para asimilar el concepto.
> Matemático. Son lógicos y necesitan razonar y esquematizar la información relevante.
> Social. Les gusta trabajar en equipo y compartir sus ideas con él.
> Solitario. Aprenden en soledad. Son reflexivos y necesitan tranquilidad.
> Multimodal. Combinan varios estilos al mismo tiempo.

¿Y para qué te contamos esto? Pues porque es muy importante que, como profesional, adaptes tu forma de enseñar al paciente y a su estilo de aprendizaje para que el proceso sea óptimo y se desarrollen las competencias emocionales adecuadas, logrando que el mensaje llegue al receptor y que éste lo ponga en práctica tras interiorizarlo. Si somos capaces de adecuarnos a la forma de aprender del paciente, se potenciará el resultado. Por ejemplo, si hemos identificado que el estilo de aprendizaje principal de un paciente es el visual, será más fácil trabajar con él mediante imágenes; mientras que, si fuera más lógico, lo ideal sería trabajar con esquemas o gráficos.

3. Entrevista motivacional. En tercer lugar, hablemos de la entrevista motivacional. Si ya comentábamos en el capítulo 5 la importancia de la motivación para la persona que quiere cambiar sus hábitos, ahora hablaremos de cómo trabajar esa motivación desde la consulta. Tanto si eres psicólogo como dietista-nutricionista o cualquier otro profesional sanitario, trabajar la motivación en consulta es clave para la adherencia. Así, la entrevista motivacional, desarrollada por Miller y Rollnick en 1999, consiste en un conjunto de técnicas destinadas a facilitar la obtención y mantenimiento de conductas determinadas a través de una entrevista semiestructurada y centrada en el paciente, donde el profesional trata de explorar la motivación intrínseca que éste tiene para el cambio de hábitos, así como las resistencias al mismo. Se ha demostrado su eficacia en clínica, pues mejora la implicación de los pacientes y su respuesta al tratamiento, sobre todo en obesidad, diabetes y otras enfermedades crónicas. Aunque no vamos a profundizar en ella, pues no es el objeto de este libro, sí nombraremos los puntos clave sobre los que se trabaja en entrevista motivacional.

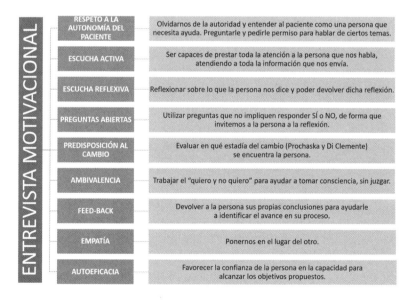

Adaptado de Martínez Rubio A et al (2013).

5. TRABAJO INTERDISCIPLINAR. Por último, queremos hablarte de la forma de trabajo más adecuada en el abordaje en psiconutrición. Para ello, primero debemos distinguir dos conceptos que suelen utilizarse de forma equivalente pero no son lo mismo: interdisciplinar y multidisciplinar. En el trabajo multidisciplinar, el paciente puede ser visto por diferentes profesionales, de forma independiente, y sin que exista relación entre ninguno de ellos. Un ejemplo serían los centros sanitarios donde hay consultas de varios profesionales, pero nada tienen que ver entre ellos. Por el contrario, el trabajo interdisciplinar implica un contacto entre los profesionales que ven al paciente, es decir, que se comunican y comparten información. De esta forma, el trabajo es mucho más eficaz porque pueden trabajar aspectos similares en áreas diferentes, profundizando más y permitiendo ir siempre en una misma dirección. Este es el caso de la psiconutrición, donde psicólogo y dietista-nutricionista trabajan conjuntamente (que no es lo mismo que al mismo tiempo) con el paciente.

Trabajar de forma interdisciplinar no tiene por qué implicar hacerlo en el mismo espacio físico, ni siquiera en la misma ciudad. Lo importante no es dónde se haga sino cómo se haga. La mejor forma de trabajar será la interdisciplinar, pero hemos de tener en cuenta que, si en este momento no podemos hacerlo de este modo, siempre será más beneficioso un trabajo multidisciplinar con un dietista-nutricionista y un psicólogo, que el hecho de que el paciente solo vaya a uno o a otro. Por tanto, no temas a derivar a un paciente a un compañero si consideras que lo necesita; tu deber profesional es ayudarle en todo lo que puedas, pero a veces no podemos llegar más allá y necesitamos que otro profesional intervenga.

Suele ser más problemática la derivación al psicólogo que al dietista-nutricionista, aunque en cualquier caso no es sencilla. ¿Qué puedes hacer? En primer lugar, ser empático y comprender que para el paciente puede ser delicado lo que vas a proponerle. En segundo lugar, ser lo más sincero posible; háblale de tus competencias y de las necesidades que consideras que debe trabajar para seguir avanzando, para lo que necesitáis ayuda. En tercer lugar, muéstrale tu confianza plena en el profesional al que le quieres derivar; si confía en ti y ve que tú confías en la otra persona, le será más fácil. Y, por último, en caso de ser necesario, puedes ofrecerte a acompañarle el primer día o incluso llamarle tú mismo para concertar la cita cuando estés con tu paciente. Por supuesto, una vez establecido el contacto, deberás mantener una comunicación constante y fluida con tu compañero, siempre con el permiso explícito del paciente y respetando sus decisiones si hay algunas cosas que no quiere que sean compartidas.

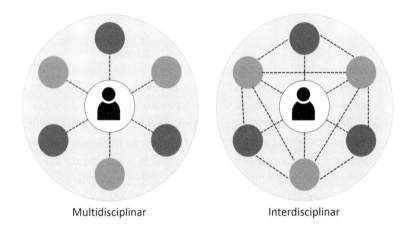

Multidisciplinar   Interdisciplinar

Si actualmente te encuentras solo como profesional y quieres cambiar tu forma de trabajar, no lo dudes más y busca otro profesional con el que hacerlo.

8.2. Cómo abordar el problema del peso en la consulta

Durante todo el libro hemos visto cómo no es adecuado enfocar el concepto de "peso" como señal externa sobre la cual guiar nuestros progresos. En este apartado vamos a centrarnos en "el peso" desde el punto de vista profesional.

En los dos campos profesionales que nos competen (psicología y nutrición) se trabaja con el peso de forma diferente (aunque con los mismos objetivos); sin embargo, sí podemos resolver algunas cuestiones generales para ambas profesionales antes de especificar.

Una de las preguntas más planteadas es si pesar o no pesar a la persona que viene a consulta. Siguiendo el esquema anterior vamos a ir resolviendo dicha cuestión. El peso (incluyendo todas sus variables: porcentaje de grasa, porcentaje de músculo, perímetros, etc.) resulta un complemento necesario a la hora de valorar los progresos en una consulta nutricional, pero eso no significa que siempre sea indispensable y que dichas medidas tengan que renovarse en cada visita. Es decisión del profesional, teniendo en cuenta determinadas variables, si en una visita se realizan o no esas medidas.

Comencemos a describir qué podemos hacer si decidimos que sí se pesará a la persona que viene a consulta. En primer lugar, desde nutrición se realizarán las medidas antropométricas completas; de esta forma, se elimina el protagonismo del peso. Se trabajarán los conceptos de la grasa y el músculo, y será necesario realizar una labor educativa para que la persona pueda comprender los beneficios de incrementar la masa muscular y reducir el porcentaje de grasa. Por ejemplo, en consulta solemos explicar que, al incrementar la cantidad de músculo, es posible que el peso no se vea modificado (por el desarrollo de más masa muscular), pero que el metabolismo basal se ve aumentado porque se incrementa el número de mitocondrias (orgánulos encargados de suministrar energía para la actividad de la célula), lo cual favorece la pérdida de peso.

La educación y los conocimientos nos acercan hacia un control interno y un compromiso con nuestro cambio de hábitos.

Este trabajo educacional se realiza al comienzo de una intervención en nutrición. ¿Los motivos? Evitamos que la persona considere que estamos calmándolo ante una noticia inadecuada. Pongamos un ejemplo: si una persona no ha bajado de peso numérico al incrementar además su actividad deportiva, nosotros como profesionales podemos hacer referencia al porcentaje de grasa y porcentaje muscular, sin embargo, esta persona puede considerar que estamos justificando su no bajada de peso e incrementarse el malestar asociado. En este punto te recomendamos el uso de un lenguaje asertivo, que veremos en el apartado siguiente cuando nos centremos en el uso de la empatía.

Una vez establecidas unas bases educacionales, y partiendo de la base de que hemos decidido pesar a la persona, la pregunta importante radica en: ¿se comunican los resultados? En esta decisión tienen cabida ambos profesionales (el de psicología y el de nutrición) y el trabajo psiconutricional cobra vital importancia, siendo necesario un enfoque interdisciplinar como hemos visto en el apartado anterior. La comunicación entre ambas profesiones a la hora de tomar esta decisión es imprescindible para elegir al procedimiento. De hecho, te recomendamos que en este punto exista una adecuada coordinación a la hora de trabajar.

¿Qué variables son importantes tener en cuenta para decidir si comunicar o no los resultados a la persona que viene a consulta?

- ¿Se encuentra emocionalmente estable como para hacer frente a unos resultados que no le agraden?
- ¿Se ha realizado o se está realizando un trabajo con la imagen corporal desde la consulta de psicología? ¿Se ha valorado cómo puede afectar el resultado del peso a dicho trabajo?
- ¿Ha realizado la persona cambios importantes a nivel nutricional? Si la respuesta es afirmativa, ¿es necesario indicarle, por tanto, los resultados de las medidas corporales?

> ¿Se considera que puede servir de motivación o ayudarnos en la acción?

> ¿Pide la persona que se le indique el resultado? En caso afirmativo, deberíamos valorar si se trata de una petición racional, o si está motivada por un intento de control y valoración externa. En ocasiones podemos encontrar situaciones de rechazo a conocer el valor del peso, lo cual también es necesario trabajar en consulta. Desde la consulta de psicología se realizaría una labor de exposición y análisis de las emociones relacionadas para poder obtener más información que nos ayude a delimitar si se trata de un miedo, rechazo o de otras variables psicológicas que pueden estar asociadas. Y, posteriormente, en la consulta de nutrición, se trabajaría la importancia que el paciente le da al peso, buscando alternativas que permitan visualizar los progresos.

Pasamos ahora a valorar aspectos importantes a tener en cuenta si decidimos no comunicar a la persona que viene a consulta los resultados:

> Empatía y asertividad. Es imprescindible transmitir con cariño, empatía y asertividad los motivos por los cuales los resultados no serán transmitidos (si la persona pregunta por ellos).

> Generalizar. Quizás no consideramos adecuado ofrecer una información detallada sobre los resultados, pero sí podemos devolver algún comentario de forma general. Por ejemplo, podemos decirle al paciente que está realizando avances (aunque será en otros ámbitos) y que solo le pesamos para tener datos de su evolución, a pesar de que para nosotros no son lo más relevante.

> Reforzar otras variables. Siempre es necesario reforzar cambios que percibamos que se han realizado: incremento de verduras o frutas, salir a pasear, conductas de autocuidado, etc. Pero en el caso de no devolver los resultados o de no pesar a la persona, resulta especialmente importante ya que sería una motivación que además reforzaría nuestro control interno y calmaría la incertidumbre de no disponer de otros datos.

¿Qué otras variables puedo tener en cuenta para no centrarme en el peso del paciente como indicativo de éxito? Son muchas las variables que podemos usar, sin embargo, consideramos importante dividirlas según la profesión y que cada profesional en su área se encargue de reforzar y trabajar estos aspectos. Las variables serán distintas según el objetivo de tratamiento, es decir, no serían las mismas variables las que usaríamos ante un caso de ingesta compulsiva que ante un caso de un paciente que presenta obesidad y viene a consulta para modificar sus hábitos sin ingesta compulsiva. Vamos a usar este segundo caso de ejemplo para mostrar algunos factores que nos indicarían un avance adecuado.

NUTRICIÓN	PSICOLOGÍA
• Cambios alimentarios • Mejores elecciones • Introducción de nuevos alimentos • Mejora de resultados en analítica • Gestión de cantidades • Reconocimiento de saciedad	• Compromiso de autocuidado • Mejor comprensión emocional • Reducción de las variables afectivas relacionadas con la obesidad • Habilidades sociales • Recursos y estrategias para sobrellevar eventos sociales • No aislamiento

Si hacemos referencia a un caso de ingesta compulsiva y/o comer emocional que afecte a la estabilidad de la persona que viene a consulta, los factores que indicarían un buen pronóstico serían distintos. En nutrición, lo más importante es la organización alimentaria y tratar de reducir las conductas compensatorias post-ingesta (así como los mitos que las acompañan) que, en un intento de disminuir la cantidad de calorías ingeridas durante el día, lo que provocan es un mayor desajuste en los niveles de hambre-saciedad, aumentando la posibilidad de una nueva ingesta compulsiva. Desde la psicología se trabajaría el ser capaz de reconocer y comprender el estado emocional que se asocia a la ingesta y posteriormente la gestión de este.

Como vemos, la decisión de la importancia y el uso del peso

en consulta están muy relacionados con las características propias de la persona y su historia, así como de la valoración del caso que realizan los profesionales. No es una decisión que se pueda tomar rápidamente, siendo necesario un análisis exhaustivo de las necesidades, beneficios y consecuencias que se puedan obtener.

Resulta llamativo comprobar que, tras un tiempo guiándonos por otro tipo de señales que no sean el número en la báscula, la persona aprende a identificar cambios en su cuerpo y presta atención a pequeñas señales que antes ignoraba, no solo físicas, sino también en relación a su conducta alimentaria. Por tanto, este trabajo no es solo beneficioso a la hora de barajar qué tipo de control guía nuestro proceso, sino también a la hora de tomar contacto con nuestro cuerpo.

Si eres dietista-nutricionista, te recomendamos que la báscula no sea un elemento prioritario o esencial en tu consulta; es más, puedes prescindir de ella durante algunas semanas (sobre todo en épocas en las que todos los pacientes suelen querer pesarse, como después de navidades o de vacaciones de verano) y observar el efecto que provoca en los pacientes. Si practicas el no dar importancia al peso, verás cómo al final los pacientes adquieren el concepto. Del mismo modo, a la hora de realizar los informes o las planificaciones dietéticas, debemos tender a evitar centrarnos en calorías o en datos no relevantes, y destacar lo más importante –por ejemplo, qué aspectos a nivel cualitativos hay que modificar–, y dejar de lado las calorías y cantidades de nutrientes que tiene la pauta alimentaria para centrarnos más en la calidad de esta. También nos podemos plantear utilizar otros elementos a la hora de trabajar que no se centren en el papel con la dieta y el peso, como pueden ser recetarios, fichas explicativas, herramientas y recursos que puedan ayudar al paciente a mejorar sus hábitos alimentarios, etc.

Lo más habitual es que la persona que acude al dietista-nutricionista vaya con la idea de pesarse, comer poco e ir al gimnasio. Debemos cambiar ese concepto, para lo que, primero, tenemos que cambiar nosotros. En la carrera universitaria nos enseñan a trabajar con programas dietéticos que calibran al miligramo las cantidades de alimentos, a sentarnos tras una mesa a decirle al paciente lo que debe hacer, o a limitarnos a ver al paciente en la consulta.

¿Y si pensamos en formas diferentes de hacer las cosas que no centralicen todo en la cantidad (kilos de peso y kilos de comida)? Por ejemplo, puedes hacer una consulta al aire libre, o ir a casa del paciente a ver su despensa o a ayudarle a planificarse en la cocina, o comer un día en la consulta con los pacientes para valorar aspectos que consideras importantes y que no detectas con el abordaje tradicional. No tengas miedo a hacer las cosas de forma diferente.

Para terminar, te recomendamos que, tras las primeras citas con tus pacientes, te elabores un plan de acción en el que determines los aspectos que estimas más convenientes a trabajar en un orden de prioridades que puedes acordar con el propio paciente. Por supuesto debes tener en cuenta que este orden puede cambiar y que pueden aparecer nuevos factores a trabajar a lo largo del proceso.

8.3. La empatía

Trabajamos con y para las personas. Esto es algo que hemos intentando trasmitirte a lo largo del libro, pero que llegado el momento de hablar sobre cómo enfocar todos estos aspectos en consulta, resulta aún más importante. Bajo nuestro punto de vista, hay una herramienta básica, y a la vez muy potente, que te invitamos a poner en práctica en tu consulta: la empatía.

Se conoce comúnmente la empatía como la capacidad de ponernos en el lugar del otro, pero es mucho más que eso. Usaremos la palabra "conexión" para hablar de empatía. Se trataría de conectar con las necesidades y deseos de la persona que viene a nuestra consulta, no quedarnos con lo superficial, sino ser capaz de mirar y sentir más allá. También es importante la empatía en el trabajo en equipo, donde debemos respetar, entender, debatir, complementar y escuchar a otros compañeros, que no siempre opinarán de la misma forma, pero con los que debemos consensuar y ceder en muchos casos, sin que ello afecte a nuestra relación profesional ni personal.

Para poder hablar sobre la importancia de la empatía, debemos recordar el estigma asociado a la obesidad, y por ende a muchas alteraciones relacionadas con el incremento de la ingesta alimentaria.

Tener presente las situaciones habituales que se asocian con estos estados nos ayudará a conectar en las primeras sesiones y guiar nuestra entrevista.

A la hora de explorar distintos campos podemos hacer devoluciones que nos permitan incrementar la alianza terapéutica y que la persona se sienta comprendida y escuchada. Estas devoluciones deben ser cuidadosamente elegidas para no caer en conductas dañinas.

Pongamos un ejemplo: si una persona viene a nuestra consulta y se encuentra alicaída debido a que en una tienda de ropa le han reflejado la ausencia de tallas para ella, tenemos dos posibles respuestas que te proponemos. Opción 1:

> "Es cierto, en las tiendas te tratan como a un bicho raro cuando tienes derecho a tu talla. Esa chica te ha hablado fatal, no es nada justo".

Sí, en este ejemplo estamos siendo empáticos y poniéndonos en el lugar de esa persona, pero no podemos olvidar que somos profesionales y debemos servir de apoyo. ¿Crees que esa persona obtendrá alguna calma de nuestras palabras? Probablemente provocaremos un aumento de la rabia y la tristeza en la persona que nos visita.

Nosotras te animamos a usar la empatía de un modo asertivo. ¿Cómo sería? Veamos la segunda opción:

> "Te entiendo, debe ser complicado sentirte de esa forma. Es normal que te encuentres triste, aún quedan muchas cosas por cambiar. Sin embargo, tú estás trabajando mucho para sentirte bien contigo misma".

Si nos encontramos en una consulta de psicología podemos continuar profundizando en este aspecto y explorando las emociones asociadas: ¿cómo te afecta en tu camino esta situación? ¿Crees que estas emociones tendrán un efecto en ti? Si nos encontramos en la consulta de nutrición, optaremos por evaluar todos los avances y progresos que ha hecho la persona en sus hábitos y trabajaremos la motivación para seguir adelante.

Como vemos, al combinar la empatía con tres pasos sencillos que nos llevan a la asertividad, obtenemos herramientas fáciles que nos ayudan con nuestro discurso en consulta. ¿De qué tres pasos sencillos estamos hablando?

Uno de los aspectos más complejos de manejar puede darse cuando nos encontramos en consulta casos en los que resulta complicado ser empático. Esto es frecuente en la consulta de nutrición, cuando un paciente tiene un mito muy arraigado y cuesta trabajo desmitificarlo. Por ejemplo, algo que para los dietistas-nutricionistas es tan sencillo como que un plátano no engorda más que una manzana o que los hidratos de carbono no engordan más que las proteínas, resulta a veces complicado que cale en el paciente y se acaba hablando de ello en sucesivas consultas porque el mismo paciente lo pregunta una y otra vez. Como hemos visto al principio del capítulo, en este caso podría ser muy útil el uso de estrategias visuales para explicar el concepto y de esta forma ayudar al paciente a asimilarlo.

Dejando a un lado la empatía como herramienta y habilidad en consulta, ¿qué ocurre con la llamada autoempatía? Al ser profesionales en constante contacto con personas y trabajando por y para su salud, resulta imprescindible dar importancia a nuestro autocuidado, y una parte de este es la autoempatía. ¿Somos conscientes de cómo nos afectan las distintas circunstancias que ocurren en consulta? ¿Me ofrezco un espacio de autocuidado donde poder volver a conectar con mi bienestar y encontrarme "en forma" para mi trabajo en consulta? Para ello te invitamos a reflexionar sobre tu estado contigo mismo y sobre tus necesidades como profesional.

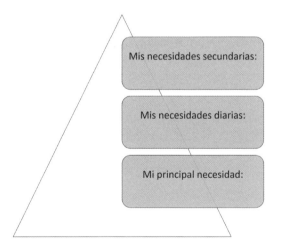

Escucharnos, respetarnos y dar espacio para nuestro cuidado nos ayudará a cuidar y trabajar mejor con las personas que nos visitan. No podemos olvidar que nosotros somos personas, además de profesionales.

8.4. Estrategias de prevención en obesidad y trastornos alimentarios: psicoeducación y educación alimentaria

En todo proceso de cambio de hábitos o trabajo con la alteración de la relación con la comida, debemos prevenir la migración hacia trastornos de la conducta alimentaria. Concha Perpiñá (2015) nos habla de las migraciones diagnósticas en los trastornos alimentarios señalando la posibilidad de estas, y de cómo el trastorno de atracones se incluye en dicho continuo. A lo largo de esta lectura no nos hemos referido específicamente al tratamiento en entidades diagnósticas incluidas en la DSM-5, sin embargo, sí a conductas que, si no se realiza una adecuada labor de prevención, podrían desembocar en patologías mayores. Nuestra labor como profesionales de la salud es trabajar hacia la prevención para que esto no ocurra.

Analizaremos este camino comenzando por el momento en el cual abrimos nuestros ojos hacia posibles señales de alarma. La prevención comienza desde el primer momento en el que una persona nos llama para pedir cita, y continúa a lo largo de todas las sesiones. Nosotras te invitamos a la observación desde el instante en el que una persona se sienta en tu sala de espera; es interesante reflexionar sobre los familiares acompañantes, si viene solo, si permiten que la persona se levante y camine hacia la consulta solo, si acompañan a la persona hacia nuestra consulta, si la dejan hablar, etc. Además de esta observación, nuestra mejor herramienta de prevención es prestar atención al discurso de la persona que nos visita o de los familiares que le acompañen. Para poder realizar una comunicación eficaz y que a su vez no rompa la alianza establecida, te animamos a practicar la asertividad en consulta. Nos gusta entender este concepto como lo hace Olga Castanyer (2014), quien nos señala que la asertividad se encuentra cerca de la autoestima, que se trata de una habilidad "estrechamente ligada al respeto y cariño por uno mismo y, por ende, a los demás". Por tanto, es en estos momentos en los cuales debemos hacer uso de todas nuestras habilidades como profesionales para que, desde el cariño, la empatía y el respeto podamos explorar los aspectos que nos han resultado alarmantes.

Te invitamos a reflexionar sobre algunos factores o señales de alarma que pueden aparecer en la relación en consulta y que nos ayudarán a tener presente la necesidad de realizar una labor de mayor exploración preventiva.

> Urgencia por la pérdida de peso, sin corresponder al peso objetivo.
> Gran ingesta de comida y presencia de atracones, acompañada de restricciones o incremento de la actividad física.
> Mentiras en consulta.
> Perfeccionismo excesivo a la hora de llevar a cabo las indicaciones que se señalan.
> Ocultación de la figura tras el bolso o abrigos en consulta.
> Negación a la visita de familiares a consulta.
> Exigencias al profesional de la nutrición en relación a la incorporación de alimentos específicos y rechazo a la ingesta de algunos alimentos vinculados con la subida de peso.
> Conducta obsesiva relacionada con la báscula o con la actividad física.
> Interés exagerado por la comida saludable y la "comida real".

Recordemos que no estamos haciendo referencia a señales de alarma sobre la presencia de alteraciones de la conducta alimentaria como anorexia o bulimia; se trata de situaciones que pueden ocurrir en consulta –tanto de nutrición como de psicología–, que nos indican que debemos trabajar y explorar algunos aspectos específicos para prevenir mayores dificultades y la posibilidad de migración hacia un trastorno de la conducta alimentaria.

En el caso de la prevención de la obesidad, es fundamental realizar una labor educativa tanto a nivel psicológico (estigma social, imagen corporal, etc.) como a nivel nutricional. En este sentido, desterrar mitos alimentarios, transmitir conocimientos sobre hábitos saludables, ayudar a analizar y ser críticos con los mensajes que recibimos, enseñar a discernir entre informaciones serias y sensacionalistas y, en definitiva, inculcar valores de salud, serán nuestras armas más potentes para evitar que las tasas de sobrepeso y obesidad sigan en aumento.

Siempre que comencemos a explorar algún aspecto más concreto que nos apunte a un posible problema con la comida, es probable que tengamos que consultar con otros profesionales para descartar comorbilidades; si esto es necesario, la guía NICE (2017) recomienda que nuestros pacientes comprendan el propósito de dichas reuniones y los motivos por los que compartimos información con estos profesionales. Por otro lado, es importante que mantengamos la tranquilidad y la transmitamos a la persona que está en consulta. Explorar factores de riesgo no es sinónimo de concluir que estamos ante una migración hacia un problema de la conducta alimentaria de mayor gravedad. Exploramos para prevenir. Tener esto presente y transmitirlo a las personas que vienen a nuestra consulta nos ayudará a crear un clima de confianza y no de miedo y rechazo.

Para terminar este recorrido que hemos compartido contigo, queremos recalcar la importancia de no simplificar el problema. El ser humano es un sistema abierto, no cerrado, lo que implica que existen numerosos factores con los que interactuamos constantemente y que además interactúan entre sí. Eso nos convierte en un sistema muy complejo en el que mover una simple pieza puede suponer desestructurar el resto. El paciente con obesidad o con una relación insana con la comida, no solo tiene un problema de peso o de alimentación, sino que hay otros factores (emocionales, físicos, familiares, sociales, etc.) que le afectan y que pueden ser causa y consecuencia del propio problema. Por tanto, debemos tener una visión más integral, ver a las personas en su conjunto y no ser reduccionistas. Recuerda que, como profesional, el objetivo principal de tu trabajo es la salud de quien se sienta en tu consulta. **Construyamos, entre todos, una sociedad con más herramientas para mejorar la salud**.

Bibliografía

• Agüera Z, Wolz L, Sánchez JM, Sauvaget A, Hilker I, Granero R et al. Adicción a la comida: Un constructo controvertido. Cuadernos de Medicina psicosomática y psiquiatría. 2015; 117:17-31.
• Albuquerque D, Nóbrega C, Manco L, Padez C., The contribution of genetics and environment to obesity. Br Med Bull. 2017; 123(1):159-173.
• Almirón E, Navas-Carretero S, Emery P. Research into food portion size: methodological aspects and applications. Food & Function. 2018; 9(2):715-739.
• Almiron-Roig E, Tsiountsioura M, Lewis HB, Wu J, Solis-Trapala I, Jebb SA. Large portion sizes increase bite size and eating rate in overweight women. Physiol Behav. 2015; 139:297-302.
• Alonso CM, Gallego DJ, Honey P. Los estilos de aprendizaje. Procedimientos de diagnóstico y mejora, Bilbao, Ediciones Mensajero, 1995.
• Álvarez del Blanco R., Neuromarketing, Prentice-Hall, 2011.
• American Psychiatric Association. Diagnostic and statistical manual of mental disorders, 5º ed., Washington, DC: Author, 2013.
• Amigo I, Fernández C., El papel del psicólogo clínico en el tratamiento del sobrepeso y la Obesidad. Papeles del Psicólogo. 2013; 34(1):49-56.
• Amin T, Mercer JG., Hunger and Satiety Mechanisms and Their Potential Exploitation in the Regulation of Food Intake, Curr Obes Rep. 2016; 5(1):106-12.
• Antonopoulos AS, Tousoulis D. The molecular mechanisms of obesity paradox. Cardiovasc Res. 2017; 113(9):1074-1086.
• Arillo-García D, Herrero-Martín G, Jáuregui Lobera I. Trastornos de la conducta alimentaria, tipo de apego y preocupación de la imagen corporal. JNNPR. 2019; 4 (7):704-719.
• Armstrong S, Mendelsohn A, Bennett G, Taveras E, Kimberg A, Kemper AR. Texting Motivational Interviewing: A Randomized Controlled Trial of Motivational Interviewing Text Messages Designed to Augment Childhood Obesity Treatment. Childhood Obesity, 2018; 14(1), 4-10.
• Arroyo Pedro. La alimentación en la evolución del hombre: su relación con el riesgo de enfermedades crónico degenerativas. Bol. Med.

Hosp. Infant. Mex. 2008; 65(6):431-440.

- Arsuaga JL. Los aborígenes: La alimentación en la evolución humana. RBA. 2003.
- Baile J, González M. Intervención psicológica en obesidad. Madrid: Pirámide; 2013.
- Baile J, González M. Trastorno por atracón. Diagnóstico, evaluación y tratamiento. Pirámide; 2016.
- Baile J, Gónzalez M. Tratando obesidad. Técnicas y estrategias psicológicas. Pirámide; 2013.
- Bandura A. Teoría social del aprendizaje. Vergara. 1982.
- Bayon V, Leger D, Gómez-Merino D, Vecchierini MF, Chennaoui M. Sleep debt and obesity. Ann Med. 2014;46(5):264-72.
- Beauchamp GK, Mennella JA. Flavor perception in human infants: development and functional significance. Digestion. 2011; 83 Suppl. 1:1-6.
- Beck A. Cognitive Therapy and the Emotional Disorders. New York, NY: Penguin; 1993.
- Berge JM, Wall M, Hsueh TF, Fulkerson JA, Larson N, Neumark-Sztainer D. The protective role of family meals for youth obesity: 10-year longitudinal associations. J Pediatr. 2015; 166(2):296-301
- Bernabeu-Mestre J, Esplugues Pellicer JX, Trescastro-López EM. Evolución histórica de las estrategias alimentarias y sus condicionantes. Alimentación y Cultura. 2014
- Blanco Fernández MA, Rodríguez S, Cuadrado L, Montil Jiménez MM, Acinovic C, García A, et al. Intervención integral y equipos multidisciplinares en el tratamiento de la obesidad: una experiencia en un grupo de obesos prediabéticos mayores de 50 años. 2015.
- Blüher M. Are metabolically healthy obese individuals really healthy? Eur J Endocrinol. 2014; 171(6): R209-19.
- Boesveldt S, de Graaf K. The differential role of smell and taste for eating behaviour. Perception. 2017; 46(3-4):307-319.
- Bradley MM, Codispoti M, Cuthbert BN, Lang PJ. Emotion and motivation I: defensive and appetitive reactions in picture processing. Emotion, 2001; 1(3), 276.
- Brandsma E, Houben T, Fu J, Shiri-Sverdlov R, Hofker MH. The immunity-diet-microbiota axis in the development of metabolic syndrome. Curr Opin Lipidol. 2015; 26:73–81.

- Brosof L, Levinson, C. Social appearance anxiety and dietary restraint as mediators between perfectionism and binge eating: A six month three wave longitudinal study. Appetite. 2016; 11(108):335-342.
- Burton ET, Smith WA, Thurston IB, Gray E, Perry V, Jogal S, et al. Interdisciplinary Management of Pediatric Obesity: Lessons Learned in the Midsouth. Clin Pediatr (Phila). 2018; 57(5), 509-518.
- Caleyachetty R, Thomas GN, Toulis KA, Mohammed N, Gokhale KM, Balachandran K, Nirantharakumar K. Metabolically Healthy Obese and Incident Cardiovascular Disease Events Among 3.5 Million Men and Women. J Am Coll Cardiol. 2017; 70(12):1429-1437.
- Campillo JE. El mono obeso. Madrid: Crítica. 2004
- Candelaria Martínez M, García Cedillo I, Estrada Aranda BD. Adherencia al tratamiento nutricional: intervención basada en entrevista motivacional y terapia breve centrada en soluciones. Revista mexicana de trastornos alimentarios, 2016; 7(1), 32-39.
- Capello AE, Markus CR. Differential influence of the 5-HTTLPR genotype, neuroticism and real-life acute stress exposure on appetite and energy intake. Appetite. 2014; 77:83-93.
- Carr D, Friedman M. Is Obesity Stigmatizing? Body Weight, Perceived Discrimination, and Psychological Well-Being in the United States. Journal of Health and Social Behavior.2005; 46(3):244–259.
- Castanyer, O. La asertividad. Expresión de una sana autoestima. Desclee de Brouwer. 2014.
- Castellano MAN, Werner EP, Guzmán PE, Escursell RMR. Relación entre trastornos de conducta alimentaria, sobrepeso y obesidad en adolescentes. Enseñanza e Investigación en Psicología. 2019; 1(1), 9-18.
- Cetin D, Lessig BA, Nasr E. Comprehensive Evaluation for Obesity: Beyond Body Mass Index. J Am Osteopath Assoc. 2016; 1;116(6):376-82.
- Chaput JP. Is sleep deprivation a contributor to obesity in children? Eat Weight Disord. 2016; 21(1):5-11.
- Chin SH, Kahathuduwa CN, Binks M. Physical activity and obesity: what we know and what we need to know. Obes Rev. 2016; 17(12):1226-1244.
- Chomsky N. El lenguaje y el entendimiento, Barcelona: Planeta-De Agostini. 1992.

- Chomsky N. La arquitectura del lenguaje. Editorial Kairós. 2003.
- Chozen J. Comer atentos. Kairós. 2013.
- Cid JA, Ramírez CA, Rodríguez JS, Conde AI, Lobera IJ, Herrero-Martín G, Ríos PB. Self-perception of weight and physical fitness, body image perception, control weight behaviors and eating behaviors in adolescents. Nutrición hospitalaria: Órgano oficial de la Sociedad española de nutrición parenteral y enteral. 2018; 35(5): 1115-1123.
- Cipolla-Neto J, Amaral FG, Afeche SC, Tan DX, Reiter RJ. Melatonin, energy metabolism, and obesity: a review. J Pineal Res. 2014; 56(4):371-81.
- Clemmensen C, Müller TD, Woods SC, Berthoud HR, Seeley RJ, Tschöp MH. Gut-Brain Cross-Talk in Metabolic Control. Cell. 2017;168(5):758-774.
- Cobb LK, Appel LJ, Franco M, Jones-Smith JC, Nur A, Anderson CA. The relationship of the local food environment with obesity: A systematic review of methods, study quality, and results. Obesity (Silver Spring). 2015; 23(7):1331-44.
- Colantuoni C, Rada P, McCarthy J, Patten C, Avena NM, Chadeayne A, Hoebel BG. Evidence that intermittent, excessive sugar intake causes endogenous opioid dependence. Obes Res. 2002; 10(6):478-88.
- Colantuoni C, Schwenker J, McCarthy J, Rada P, Ladenheim B, Cadet JL, et al. Excessive sugar intake alters binding to dopamine and mu-opioid receptors in the brain. Neuroreport. 2001; 12(16):3549-52.
- Cordella P, Moore C. Patrón adaptativo obesogénico cerebral: una propuesta para comprender y evaluar la obesidad en la práctica clínica. Revista chilena de nutrición. 2015; 42(1): 60-69.
- Cuadro E, Baile J. I. El trastorno por atracón: análisis y tratamientos. Revista mexicana de trastornos alimentarios. 2015; 6(2):97-107.
- Cui H, López M, Rahmouni K. The cellular and molecular bases of leptin and ghrelin resistance in obesity. Nat Rev Endocrinol. 2017; 13(6):338-351.
- De Decker A, Verbeken S, Sioen I, Van Lippevelde W, Braet C, Eiben, et al. Palatable food consumption in children: interplay between (food) reward motivation and the home food environment. Eur J Pediatr. 2017; 176(4):465-474.
- De Jong JW, Vanderschuren LJ, Adan RA. The mesolimbic system

and eating addiction: what sugar does and does not do. Current Opinion in Behavioral Sciences. 2016; 9: 118-125.

• De la Fuente M, Salvador M, Franco C. Efectos de un programa de entrenamiento en conciencia plena (Mindfulness) en la autoestima y la inteligencia emocional percibidas. Behavioral Psychology. 2010; 18(2):297-315.

• Di Angelantonio E, Bhupathiraju ShN, Wormser D, Gao P, Kaptoge S, Berrington de González A, et al. Bodymass index and all-cause mortality: individual-participant-data meta-analysis of 239 prospective studies in four continents. Lancet. 2016; 388:776–786.

• Díez López CM. Marketing olfativo: ¿qué olor tienes en mente? = Olfactive marketing: what smell have you in mind? 2013.

• DiNicolantonio JJ, O'Keefe JH, Wilson WL. Sugar addiction: is it real? A narrative review. Br J Sports Med. 2018. 52(14), 910-913.

• Doran GT. There's a SMART way to write management's goals and objectives. Management review. 1981; 70(11): 35-36.

• Ekman P. An argument for basic emotions. Cognition & emotion. 1992; 6(3-4): 169-200.

• Ekman P. Basic emotions. Handbook of cognition and emotion. 1999; 45-60.

• Ekman PE, Davidson RJ. The nature of emotion: Fundamental questions. Oxford University Press. 1994.

• Ellis A. Overcoming Destructive Beliefs, Feelings, and Behaviors:

• New Directions for Rational Emotive Behavior Therapy. Amherst, NY: Prometheus Books; 2001.

• Enríquez AC. Neuromarketing y neuroeconomía: código emocional del consumidor. Ecoe Ediciones. 2013.

• Escandón-Nagel N, Peró M, Grau A, Soriano J, Feixas G. Emotional eating and cognitive conflicts as predictors of binge eating disorder in patients with obesity. International Journal of Clinical and Health Psychology. 2018; 18(1):52–59.

• Escandón-Nagel N. Comparación entre personas con malnutrición por exceso con y sin trastorno por atracón. Nutr Hosp. 2016; 33:1470-1476.

• Fairburn C. La superación de los atracones de comida. Como recuperar el control. Paidós Iberica. 2011.

• Fandiño J, Moreira RO, Preissler C, Gaya CW, Papelbaum M, Coutinho, WF et al. Impact of binge eating disorder in the psychopathological profile of obese women. Comprehensive Psychiatry. 2010; 51:110-114.

- Fernandes J, Ferreira-Santos F, Miller K, Torres S. Emotional processing in obesity: a systematic review and exploratory meta-analysis. Obes Rev. 2018; 19(1): 111-120.

- Ferreira YAM, Kravchychyn ACP, Vicente SDCF, da Silveira Campos RM, Tock L, Oyama LM, et al. An interdisciplinary weight loss program improves body composition and metabolic profile in adolescents with obesity: Associations with the dietary inflammatory index. Frontiers in Nutrition. 2019; 6.

- Floody PD, Navarrete FC, Mayorga DJ, Jara CC, Campillo RR, Poblete AO, et al. Efectos de un programa de tratamiento multidisciplinar en obesos mórbidos y obesos con comorbilidades candidatos a cirugía bariátrica. Nutrición Hospitalaria. 2015; 31(5), 2011-2016.

- Fuentes París SA, Alba MJ. Guía de práctica clínica (GPC) para la prevención, diagnóstico y tratamiento del sobrepeso y la obesidad en adultos. 2017. [Trabajo Fin de Grado].

- García del Castillo Rodríguez JA, García del Castillo López Á, López-Sánchez C, Días PC. Configuración teórica de la motivación de salud desde la teoría de la autodeterminación. 2015.

- Gardner H. Inteligencias múltiples (Vol. 1). Barcelona: Paidós. 1995.

- Geiker NRW, Astrup A, Hjorth MF, Sjödin A, Pijls L, Markus CR. Does stress influence sleep patterns, food intake, weight gain, abdominal obesity and weight loss interventions and vice versa? Obes Rev. 2018; 19(1):81-97.

- Gianini ML, Smith JE.Body Dissatisfaction Mediates the Relationship between Self-Esteem and Restrained Eating in Female Undergraduates. International Journal of Behavioral Consultation and Therapy. 2008; 4(1):48-59.

- Giskes K, van Lenthe F, Avendano-Pabon M, Brug J. A systematic review of environmental factors and obesogenic dietary intakes among adults: are we getting closer to understanding obesogenic environments? Obesity reviews. 2011; 12(5): e95-e106.

- Gómez-Pérez D, Ortiz MS. Estigma de obesidad, cortisol e ingesta alimentaria: un estudio experimental con mujeres. Revista médica de Chile. 2019; 147(3), 314-321.

- Gómez-Pérez D, Ortiz M, Saiz J. Estigma de obesidad, su impacto en las víctimas y en los Equipos de Salud: una revisión de la literatura. Revista médica de Chile. 2017; 145:1160-1164.
- Goodarzi MO. Genetics of obesity: what genetic association studies have taught us about the biology of obesity and its complications. Lancet Diabetes Endocrinol. 2018; 6(3), 223-236.
- Goossens GH. The Metabolic Phenotype in Obesity: Fat Mass, Body Fat Distribution, and Adipose Tissue Function. Obes Facts. 2017; 10(3):207-215.
- Gordon E, Arial Donges A, Bauman V, Merlo L. What Is the Evidence for "Food Addiction?" A Systematic Review. Nutrients. 2018; 10(4), 477.
- Heisler LK, Lam DD. An appetite for life: brain regulation of hunger and satiety. Curr Opin Pharmacol. 2017; 37:100-106.
- Hernández Ruiz de Eguilaz M, Martínez de Morentin Aldabe B, Almiron-Roig E, Pérez-Diez S, San Cristóbal Blanco R, Navas-Carretero S, et al. Multisensory influence on eating behavior: Hedonic consumption. Endocrinol Diabetes Nutr. 2018;6 5(2):114-125.
- Herrero Martín G, Andrades-Ramírez C. Diferencias entre el comer emocional en personas con normopeso y obesidad y su relevancia en el abordaje terapéutico. Nutr Hosp 2016; 33(Supl. 6):9-34.
- Herrero Martín G. Alimentación emocional y marketing alimentario: estrategias para prevenir la obesidad. Revista Española de Nutrición Humana y Dietética, 2018; 22, 44-45.
- Herrero Martín G. Alimentación saludable para niños geniales. Amat editorial. 2018.
- Herrero Martín G. Psiconutrición: la importancia del trabajo interdisciplinar en el abordaje de la obesidad. Revista Española de Nutrición Humana y Dietética, 2017; 21, 34-35.
- Hoefling A, Strack F. The tempting effect of forbidden foods. High calorie content evokes conflicting implicit and explicit evaluations in restrained eaters. Appetite. 2008; 51(3):681-9.
- Hovey D, Henningsson S, Cortes DS, Bänziger T, Zettergren A, Melke J, Fischer H, Laukka P, Westberg L. Emotion recognition associated with polymorphism in oxytocinergic pathway gene ARNT2. Soc Cogn Affect Neurosci. 2018; 13(2):173-181.
- Howard JB, Skinner AC, Ravanbakht SN, Brown JD, Perrin AJ, Stei-

ner MJ, Perrin EM. Obesogenic Behavior and Weight-Based Stigma in Popular Children's Movies, 2012 to 2015. Pediatrics. 2017; 140(6).

- Hughes EK, Gullone E. Emotion regulation moderate relationships between body image concerns and psychological symptomatology. Body Image: An International Journal of Research. 2011; 8(3): 224-23.
- Jakobson R. Las funciones del lenguaje. La Haya. Siglo XXI. 1960.
- Jáuregui Lobera I, Herrero Martín G, Bolaños Ríos P, Andrades Ramírez C. Trastornos de la conducta alimentaria y obesidad. Grupo Aula Médica, 2019.
- Jiménez L. El cerebro obeso. Las claves para combatir la obesidad están en el cerebro. Createspace. 2014.
- Jiménez L. El poder y la ciencia de la motivación: Cómo cambiar tu vida y vivir mejor gracias a la ciencia de la motivación. Independently published. 2017.
- Jiménez L. La guerra contra el sobrepeso, ¿quién es el responsable de la epidemia de obesidad? 2016.
- Jiménez L. Lo que dice la ciencia para adelgazar de forma fácil y saludable. Plataforma actual. 2014.
- Jiménez L. Lo que dice la ciencia sobre dietas, alimentación y salud. Plataforma actual. 2015.
- Kabat-Zinn, J. Coming to Our Senses: Healing Ourselves and the World through Mindfulness. New York: Hyperion. 2005.
- Kaplan H.I, Kaplan H.S. The Psychosomatic concept of obesity. Journal of Nervous and Mental Disease. 1957; 125(2):181-201.
- Lameiras M, Failde J.M. Trastornos de la conducta alimentaria: del tratamiento a la prevención. Universidad de Vigo. 2000; 101.
- Lang PJ, Bradley MM, Cuthbert BN. Emotion, motivation, and anxiety: Brain mechanisms and psychophysiology. Biological psychiatry, 1998; 44(12), 1248-1263.
- Lazarevich, I, Irigoyen-Camacho M.E, Velázquez-Alva M.C, Salinas-Ávila J. Psychometric characteristics of the Eating and Appraisal Due to Emotions and Stress Questionnaire and obesity in Mexican university students. Nutrición Hospitalaria.2015; 31(6):2437-2444
- Lecube A, Monereo S, Rubio MÁ, Martínez-de-Icaya P, Martí A, Salvador J, et al. Prevención, diagnóstico y tratamiento de la obesidad. Posicionamiento de la Sociedad Española para el Estudio de la Obe-

sidad de 2016. Endocrinología, Diabetes y Nutrición. 2017; 64, 15-22.

- Lee LC, Cho YC, Lin PJ, Yeh TC, Chang CY, Yeh TK. Influence of Genetic Variants of the N-Methyl-D-Aspartate Receptor on Emotion and Social Behavior in Adolescents. Neural Plast. 2016; vol. 2016: 6851592.

- Lee PC, Dixon JB. Food for Thought: Reward Mechanisms and Hedonic Overeating in Obesity. Curr Obes Rep. 2017; 6(4), 353-361.

- Leehr E.J, Krohmer K, Schag K, Dresler T, Zipfel S, Giel K. E. Emotion regulation model in binge eating disorder and obesity - a systematic review. Neuroscience and Biobehavioral Reviews. 2015; 49:125-134.

- Lemmens SG, Born JM, Rutters F, Schoffelen PF, Wouters L, Westerterp-Plantenga MS. Dietary restraint and control over "wanting" following consumption of "forbidden" food. Obesity (Silver Spring). 2010; 18(10):1926-31.

- Lin AL, Parikh I, Hoffman JD, Ma D. Neuroimaging Biomarkers of Caloric Restriction on Brain Metabolic and Vascular Functions. Curr Nutr Rep. 2017; 6(1):41-48.

- Lopera DT, Restrepo M. Aspectos psicológicos de la obesidad en adultos. Revista de Psicología Universidad de Antioquia. 2015; 6(1), 91-112.

- López Rodríguez R. La gestión del tiempo personal y colectivo. Editorial Graó. 2012.

- Lugli Z. Autoeficacia y locus de control: variables predictoras de la autorregulación del peso en personas obesas. Pensamiento lógico. 2011; 9(17).

- Macht M, Haupt C, Salewsky A. Emotions and eating in everyday life: application of the experience-sampling method. Ecology Food Nutrition. 2004; 43:327-337.

- Macht M. How emotions affect eating: A five-way model. Appetite. 2008; 50:1–11.

- Marfil R, Sánchez MI, Herrero-Martín G, Jáuregui-Lobera I. Alimentación familiar: influencia en el desarrollo y mantenimiento de los trastornos de la conducta alimentaria. JNNPR. 2019; 4 (9): 925-948.

- Marina JA, Marina E. El aprendizaje de la creatividad. Ariel. 2013.

- Marrodan MD, Roman Martínez-Álvarez J, Villarino A, Alférez-García I, González-Montero de Espinosa M, López-Ejeda N, et al. Utilidad de los datos antropométricos autodeclarados para la evaluación de la obesidad en la población española; estudio EPINUT-AR-KOPHARMA. Nutr Hosp. 2013; 28(3):676-682.

- Martínez Rubio A, Gil Barcenilla B. Entrevista motivacional: una herramienta en el manejo de la obesidad infantil. Rev Pediatr Aten Primaria. 2013; 15(Suppl 23):133-141.
- Méndez XG, Cano CP, Martín-Payo R. Motivación de las personas con diabetes mellitus tipo 2 en la realización de una dieta saludable. Revista Iberoamericana de Enfermería Comunitaria: RIdEC. 2018; 11(1), 30-36.
- Mennella JA, Jagnow CP, Beauchamp GK. Prenatal and postnatal flavor learning by human infants. Pediatrics. 2001; 107(6): e88-e88.
- Miller WR, Rollnick S. La entrevista motivacional. Paidós. 1999.
- Morandé G, Graell M, Blanco MA. Trastornos de la conducta alimentaria y obesidad. Un enfoque integral. Madrid: Panamericana. 2014.
- Nadler C, Slosky L, Kapalu CL, Sitzmann B. Interdisciplinary Treatment for Pediatric Feeding Disorders. In Handbook of Interdisciplinary Treatments for Autism Spectrum Disorder. 2019; (pp. 131-150). Springer, Cham.
- Nardone G, Selekman M. Hartarse, vomitar, torturarse. La terapia en tiempo breve. Herder Editorial. 2013.
- Nardone G. Más allá de la anorexia y la bulimia. Ediciones Paidós. 2004.
- Njike VY, Smith TM, Shuval O, Shuval K, Edshteyn I, Kalantari V, Yaroch AL. Snack Food, Satiety, and Weight. Adv Nutr. 2016; 7(5):866-78.
- Nolan L.J, Halperin L.B, Geliebter A. Emotional Appetite Questionnaire Construct validity and relationship with BMI. Appetite. 2010; 54(2):314-319.
- Núñez Pereira C, Romer R. Emocionario. Di lo que sientes. Palabras Aladas. 2013.
- Okbay A, Baselmans BM, De Neve JE, Turley P, Nivard MG, Fontana MA, et al. Genetic variants associated with subjective well-being, depressive symptoms, and neuroticism identified through genome-wide analyses. Nat Genet. 2016; 48(6):624-33.
- Panduro A, Rivera-Iñiguez I, Sepulveda-Villegas M, Roman S. Genes, emotions and gut microbiota: The next frontier for the gastroenterologist. World J Gastroenterol. 2017; 23(17):3030-3042.

• Pascual A, Etxebarria I, Echeburúa E. Las variables emocionales como factores de riesgo de los trastornos de la conducta alimentaria. International Journal of Clinical and Health Psychology. 2011; 11(2).

• Pathania A, Leiker AM, Euler M, Miller MW, Lohse KR. Challenge, motivation, and effort: Neural and behavioral correlates of self-control of difficulty during practice. Biol Psychol. 2019; 141:52-63.

• Penaforte FRO, Minelli MCS, Rezende LA, Japur CC. Anxiety symptoms and emotional eating are independently associated with sweet craving in young adults. Psychiatry Research. 2018; 271, 715-720.

• Perpiñá C. Trastornos alimentarios y de la ingestión de alimentos. Madrid: Síntesis. 2015.

• Phillips CM, Perry IJ. Depressive symptoms, anxiety and well-being among metabolic health obese subtypes. Psychoneuroendocrinology. 2015; 62:47-53.

• Piaget J, Vigotsky L. Teorías del aprendizaje. Materia. 2012.

• Piaget J. La teoría de Piaget. Infancia y Aprendizaje. 1981; 4(sup2), 13-54.

• Piaget J. Part I: Cognitive development in children: Piaget development and learning. Journal of research in science teaching. 1964; 2(3), 176-186.

• Pinto González S, Martín Gutiérrez S, Jáuregui Lobera I, Herrero-Martín G. Evaluación de la saciedad en personas que han sufrido trastornos de la conducta alimentaria. JNNPR. 2019; 4 (8):806-828.

• Prochaska JO, DiClemente CC. Toward a comprehensive model of change. In Treating addictive behaviors. 1986; (pp. 3-27). Springer, Boston, MA.

• Raich RM. Imagen Corporal. Conocer y valorar el propio cuerpo. Madrid: Pirámide. 2013.

• Reiss S. Who am I? The 16 Basic Desires that Motivate Our Actions and Define Our Personalities. Berkley Trade. Berkley Publishing Corporation,U.S. 2002.

• Roca A. Análisis de la motivación y cumplimiento para la realización de estilos saludables, relacionada con la alimentación y la actividad física, en estudiantes universitarios. 2017.

• Rushforth L, Bell L. Superar una imagen corporal distorsionada. Un programa para personas con trastornos alimentarios. Madrid: Alianza editorial; 2010.

- Sánchez Benito JL, Pontes Torrado Y. Influencia de las emociones en la ingesta y control de peso. Nutrición Hospitalaria. 2012; 27(6), 2148-2150.
- Saraçli Ö, Atasoy N, Akdemir A, Güriz O, Konuk N, Sevinçer GM, et al. The prevalence and clinical features of the night eating syndrome in psychiatric out- patient population. Compr Psychiatry. 2015; 57:79-84.
- Seijo N. El yo rechazado. Cómo trabajar con la imagen corporal en los trastornos de la conducta alimentaria. ESTD Newsletter. 2016; 5(4).
- Serretti A. Genetics and pharmacogenetics of mood disorders. Psychiatr Pol. 2017; 51(2):197-203.
- Silva C, Fernández N, Rodríguez N. Depresión, ansiedad y autoeficacia para bajar de peso en mujeres en tratamiento nutricional. Psicología y Salud. 2019; 29(1), 41-49.
- Spence C. Eating with our ears: assessing the importance of the sounds of consumption on our perception and enjoyment of multisensory flavour experiences. Flavour. 2015; 4(1): 3.
- Steenhuis I, Poelman M. Portion Size: Latest Developments and Interventions. Curr Obes Rep. 2017; 6(1):10-17
- Stice, E. Risk and maintenance factors for eating pathology: a meta-analytic review. Psychol Bull. 2002; 128(5):825-48.
- St-Onge MP. Sleep-obesity relation: underlying mechanisms and consequences for treatment. Obes Rev. 2017; 18 Suppl 1:34-39.
- Stunkard A, Mclaren-Hume M. The Results of Treatment for Obesity: A Review of the Literature and Report of a Series. AMA Arch Intern Med. 1959; 103(1):79–85.
- Suárez-Carmona W, Sánchez-Olive, AJ, González-Jurado JA. Fisiopatología de la obesidad: Perspectiva actual. Revista chilena de nutrición, 2017; 44(3), 226-233.
- Suárez-Carmona W, Sánchez-Oliver AJ. Índice de masa corporal: ventajas y desventajas de su uso en la obesidad. Relación con la fuerza y la actividad física. Nutrición Clínica. 2018; 12(3-2018), 128-139.
- Tamayo D. Restrepo M. Aspectos psicológicos de la obesidad en adultos. Revista de Psicología Universidad de Antioquia.2014; 6(1):91-112.
- Torres-Fuentes C, Schellekens H, Dinan TG, Cryan JF. The microbiota-gut-brain axis in obesity. Lancet Gastroenterol Hepatol. 2017; 2(10):747-756.

- Van Middelkoop M, Ligthart KAM, Paulis WD, van Teeffelen J, Kornelisse K, Koes BW. A multidisciplinary intervention programme for overweight and obese children in deprived areas. Fam Pract. 2017; 34(6), 702-707.
- Van Strien T, H. Donker M.H, Ouwens MA. Is desire to eat in response to positive emotions an 'obese' eating style: Is Kummerspeck for some people a misnomer? Appetite. 2016a; 100:225-235.
- Van Strien T, Konttinen H, Homberg JR, Engels RC, Winkens L.H. Emotional eating as a mediator between depression and weight gain. Appetite. 2016b; 100: 216-224.
- Verzijl C.L, Ahlich E, Schlauch R.C, Rancourt D. The role of craving in emotional and uncontrolled eating. Appetite.2018; 123:146-151.
- Vinai P, Cardetti S, Studt S, Carpegna G, Ferrato N, Vallauri P, et al. Clinical validity of the descriptor. "Presence of a belief that one must eat in order to get to sleep" in diagnosing the Night Eating Syndrome. Appetite. 2014; 75: 46-48.
- Visschers VH, Hess R, Siegrist M. Health motivation and product design determine consumers' visual attention to nutrition information on food products. Public Health Nutr. 2010; 13(7):1099-106.
- Watts AW, Valente M, Tu A, Mâsse LC. Eating Away from Home: Influences on the Dietary Quality of Adolescents with Overweight or Obesity. Can J Diet Pract Res. 2017; 78(4):166-171.
- Weiss EM, Freudenthaler HH, Fink A, Reiser EM, Niederstätter H, Nagl S, Parson W, Papousek I. Differential influence of 5-HTTLPR - polymorphism and COMT Val158Met - polymorphism on emotion perception and regulation in healthy women. J Int Neuropsychol Soc. 2014; 20(5):516-24.
- Westerterp-Plantenga MS. Sleep, circadian rhythm and body weight: parallel developments. Proc Nutr Soc. 2016; 75(4):431-439.
- Yannakoulia M, Anastasiou CA, Karfopoulou E, Pehlivanidis A, Panagiotakos DB, Vgontzas A. Sleep quality is associated with weight loss maintenance status: the MedWeight study. Sleep Med. 2017; 34:242-245
- Zurita J, Chías M. Técnicas de trabajo emocional en psicoterapia. Madrid: Editorial Niño Libre. 2016.

ENLACES WEBS

- **Alimentación emocional, ¿quién elige lo que comemos? Comer o no comer.** Disponible en: https://comeronocomer.es/con-respuesta/alimentacion-emocional-quien-elige-lo-que-comemos
- **Cómo pasar de la zona de preocupación a la zona de influencia. Rincón de psicología, Jennifer Delgado.** Disponible en: https://www.rinconpsicologia.com/2018/10/zona-de-preocupacion-influencia.html?m=1#.W8XN51q6YKE.twitter
- **Cuáles son los alimentos más adictivos y deseados. Lo que dice la ciencia para adelgazar.** Disponible en: https://loquedicelaciencia paradelgazar.blogspot.com/2014/11/cuales-son-los-alimentos-mas-adictivos.html
- **El ABC en la terapia cognitiva y las distorsiones cognitivas. Alberto Soler.** Disponible en: https://www.albertosoler.es/el-abc-en-la-terapia-cognitiva-y-las-distorsiones-cognitivas/
- **El estigma de estar gordo. Lo que dice la ciencia para adelgazar.** Disponible en: http://loquedicelacienciaparadelgazar.blogspot.com.es/2015/01/el-estigma-de-ser-gordo-i-se-discrimina.html
- **Energía, calorías y obesidad: últimas teorías. Lo que dice la ciencia para adelgazar.** Disponible en: http://loquedicelacienciaparadelgazar.blogspot.com.es/2017/02/energia-calorias-y-obesidad-ultimas.html
- **Existe la adicción a la comida. Lo que dice la ciencia para adelgazar.** Disponible en: https://loquedicelacienciaparadelgazar.blogspot.com/2018/04/existe-la-adiccion-la-comida-primera.html
- **Fondo de armario. Norte Salud Nutrición.** Disponible en: https://nortesalud.com/fondo-de-armario-nutritiontips-ii/
- **Hacia la prevención integrada de la obesidad y los trastornos de la conducta alimentaria. Infocop.** Disponible en: http://www.infocop.es/view_article.asp?id=3437
- **La despensa emocional de la primera infancia. Cómete el mundo TCA.** Disponible en: http://cometeelmundotca.es/index.php/blog/item/161-la-despensa-emocional-de-la-primera-infancia
- **La docena sucia de la imagen corporal. Cómete el mundo TCA.** Disponible en: http://cometeelmundotca.es/index.php/blog/item/118-la-docena-sucia-de-la-imagen-corporal

- **Mi talla es una D. Norte Salud Nutrición**. Disponible en: https://nortesalud.com/mi-talla-es-una-d-de-lo-que-me-da-la-gana/
- **Mindfulness para una alimentación consciente. Cómete el mundo TCA**. Disponible en: http://cometeelmundotca.es/index.php/blog/item/126-mindfulness-para-una-alimentacion-consciente
- **OMS. Obesidad definición**. https://www.who.int/es/news-room/fact-sheets/detail/obesity-and-overweight
- **Predominio de nutrientes por grupos de alimentos. María G Neira; Nutriendo mi cambio**. Disponible en: https://scontent-frx5-1.cdninstagram.com/vp/be99254970f486bb5802dde34335c442/5CFB54B5/t51.2885-15/e35/44839773_1965661933734658_78002188973501478 5_n.jpg?_nc_ht=scontent-frx5-1.cdninstagram.com&se=7&ig_cache_key=MTkxNzcyMDU2OTgzNzI4MjkxMw%3D%3D.2
- **Psiconutrición: Aprende a tener una buena relación con la comida. Norte Salud Nutrición**. Disponible en: https://nortesalud.com/psico-nutricion-aprende-a-tener-una-buena-relacion-con-la-comida/
- **Publicidad emocional. Norte Salud Nutrición**. Disponible en: https://nortesalud.com/publicidad-emocional/
- **Qué es eso a lo que llaman comer emocional. Norte Salud Nutrición**. Disponible en: https://nortesalud.com/que-es-eso-a-lo-que-llaman-comer-emocional/
- **Qué opinan los psicólogos de la psiconutrición. Norte Salud Nutrición**. Disponible en: https://nortesalud.com/que-opinan-los-psi-cologos-de-la-psiconutricion/
- **Rueda emociones. Adrián Silisque.** Disponible en: http://adriansilisque.com/emociones-basicas-y-una-rueda-de-palabras-emocionales/
- **Tres puntos clave en psiconutrición. Norte Salud Nutrición**. Disponible en: https://nortesalud.com/tres-puntos-clave-en-psiconutricion/
- **Vacía tu despensa. Norte Salud Nutrición**. Disponible en: https://nortesalud.com/vacia-tu-despensa-nutritiontips-i/

Agradecimientos

Nos gustaría agradecer en primer lugar a todas las personas que hemos conocido a lo largo de nuestro recorrido profesional y que han influido de forma sustancial en nuestra pasión por la psiconutrición, haciendo posible que hoy tengas en tus manos este libro.

En segundo lugar, a Isabel Blasco que, sin leer una sola página y nada más saber la temática que le propusimos, nos abrió sus puertas de par en par y nos brindó la oportunidad de compartir contigo nuestra experiencia.

Un agradecimiento especial para todos los profesionales de la nutrición, la psicología, la actividad física y otras ciencias sanitarias que cada día trabajan, investigan y ponen todo su empeño en encontrar soluciones para mejorar nuestra salud, física y mental. Especialmente a los que nos han acompañado desde muy cerca en este recorrido: Manu Soto e Irene Villalón.

Para terminar, agradecemos enormemente el apoyo, el cariño y la paciencia que nuestras familias nos han brindado en este camino, sin las cuales no hubiéramos podido lograrlo: Antonio, Áurea, Expedo, Jesús, Juan Francisco, Juani y Nora. Un fortísimo gracias.